PARAMAHANSA YOGANANDA
(1893 – 1952)

DAGBOK FOR SJELEN

En inspirerende tanke
for hver dag i året

Paramahansa Yogananda
og andre

Originaltittel på engelsk, utgitt av
Self-Realization Fellowship, Los Angeles (California, USA)
Spiritual Diary

ISBN-13: 978-0-87612-023-1
ISBN-10: 0-87612-023-0

Oversatt til norsk av Self-Realization Fellowship
Copyright © 2014 Self-Realization Fellowship

Alle rettigheter til denne boken forbeholdes. Unntatt for korte sitater i bokanmeldelser, og som ellers er tillatt etter gjeldende lov, kan ingen del av *Dagbok for sjelen* (Spiritual Diary), bli gjengitt, lagret, overført eller fremstilt i noen form eller på noen måte (elektronisk, mekanisk eller i annen form) nå kjent eller oppfunnet senere – inklusive fotokopier, innspillinger eller andre informasjonskilder og kopieringssystemer – uten etter skriftlig tillatelse fra Self-Realization Fellowship, 3880 San Rafael Avenue, Los Angeles, California 90065-3219, U.S.A.

 Autorisert av The International Publications Council of Self-Realization Fellowship

Self-Realization Fellowships navn og logo (vist ovenfor), er påtrykt alle SRFs bøker, innspillinger og andre utgivelser. Dette er for å forsikre leseren om at materialet stammer fra virksomheten som er etablert av Paramahansa Yogananda og trofast bringer hans lære videre.

Første utgave på norsk fra Self –Realization Fellowship, 2014
First edition in Norwegian from *Self-Realization Fellowship*, 2014

ISBN-13: 978-0-87612-393-5
ISBN-10: 0-87612-393-0

1555-J3140

UTGIVERS ORIENTERING

Denne samlingen av inspirerende tanker er hovedsakelig tatt fra skriftene til Paramahansa Yogananda. Han grunnla i 1917 organisasjonen Yogoda Satsanga Society i India og i 1920 Self-Realization Fellowship [1]) i Amerika, hvor det internasjonale hovedkvarteret til SRF og YSS befinner seg.

Hans livsverk var å spre læren om den åndelige vitenskapen om *Kriya Yoga*, en meditasjonsteknikk som mennesket kan bruke for å oppnå direkte personlig opplevelse av Gud. Paramahansa Yogananda forklarte at læren til Bhagavan Krishna, Indias Kristus, og læren til Herre Jesus, Vestens Kristus, var i sin kjerne den samme. Han lærte at ved bevisst samhørighet med den universelle kristusbevisstheten, som er manifestert i dem og i alle gudsopplyste avatarer, kan menneskeheten oppleve sant brorskap med Gud som Far. Paramahansa Yogananda har vist tusener av åndelig søkende menn og kvinner hvordan de gjennom *Kriya Yoga* kan kommunisere med den allestedsnærværende kristusbevisstheten, som er "verdens lys."

---

1 Bokstavelig talt, "Selverkjennelse ved fellesskap". Paramahansa Yogananda har forklart at navnet "Self-Realization Fellowship" betyr "Fellesskap med Gud gjennom selverkjennelse og vennskap med alle sannhetssøkende sjeler." Se også Sidehenvisninger samt "Mål og idealer for Self-Realization Fellowship".

I sine skrifter har Paramahansa Yogananda fortalt mange historier om den strålende rekken av Self-Realization Fellowships mestere: Mahavatar Babaji, Lahiri Mahasaya, og sin egen guru, Swami Sri Yukteswar. SRFs *"Dagbok for sjelen"* omfatter mye visdom fra disse store mestrene. Inspirerende avsnitt er også blitt valgt fra taler og brev av Rajarsi Janakananda og Sri Gyanamata, to høyt utviklede, vestlige disipler av Paramahansa Yogananda.

Brukere av *dagboken* vil etter hver tanke for dagen finne navnet på den personen som er sitert, og boken eller publikasjonen hvor tankene er hentet fra. Siden navnet på den nevnte personen ikke nødvendigvis er forfatter av publikasjonen, som er oppgitt som kilde, gis det i slutten av dagboken en oversikt, som kan være av interesse og nytte for leseren. Utvalg i denne dagboken er også tatt fra Self-Realizations leksjoner, fra "paragrammer," individuelt trykte uttalelser av Paramahansa Yogananda, og fra Self-Realization, et magasin som kommer ut hvert kvartal. For ytterligere informasjon om disse publikasjonene, vennligst ta kontakt med Self-Realization Fellowship.

SELF-REALIZATION FELLOWSHIP

3880 San Rafael Avenue
Los Angeles, California 90065
USA

FORORD

Av Sri Daya Mata
President og åndelig leder av Self-Realization Fellowship/
Yogoda Satsanga Society of India
fra 1955 til hennes bortgang i 2010.

"For som han tenker i sin sjel, slik er han." Denne visdom bør bli lagt merke til av alle mennesker som vil forbedre seg og strebe etter å erkjenne det høyeste målet i livet: Gud. Det som vi stadig tenker på, vil påvirke hva vi blir. Våre omstendigheter i livet, våre sinnsstemninger og vaner samt vår fremgang og våre nederlag er hovedsakelig et produkt av våre tanker. I virkeligheten er sinnets makt den opprinnelige og styrende kraften bak hele skapelsen.

Å trene sitt sinn til å dvele ved positive, inspirerende tanker hjelper en til å konsentrere sin energi ved å gjennomføre et bestemt og varig formål. Jeg lærte å anvende denne åndelige vitenskapen fra mange år siden under ledelse av min store guru, Paramahansa Yogananda. Å ta frem et synspunkt om sannhet hver dag, dvele ved det og streve etter å leve etter det, har en mirakuløs, forandrende virkning på ens indre og ytre liv. Begynn aldri en ny dag uten først å forankre sinnet til et eller annet ledende prinsipp av sannhet.

Vi blir så lett fanget opp av materielle plikter og glemmer vårt åndelige ansvar. Vi arbeider som slaver for kroppen, men hva med vår plikt overfor sjelen? Dette bildet av Gud inni oss roper etter å få uttrykt sine åndelige kvaliteter: evig liv, umåtelig, guddommelig kjærlighet og visdom samt bunnløs glede. Alt det som Gud er og har, er vårt gjennom guddommelig fødselsrett. Å vite dette er selverkjennelse.

I denne "Dagbok for sjelen" fins inspirerende tanker som kan lede deg for hver dag i året. Hvis du anvender dem i alle dine bestrebelser, materielle eller åndelige, vil dine handlinger bli fylt av guddommelig kraft. Tenk sannhet, tenk godhet, tenk Gud. Hvis ditt sinn blir fylt med Hans lys, kan det ikke bli noe mørke for deg.

HVORDAN SKAL "DAGBOK FOR SJELEN" BRUKES

Denne *dagboken* er ment som en daglig veileder til åndelig tenkning, grunnlaget for en åndelig livsførsel. Tanker for spesielle, årlige anledninger, som faller på bestemte datoer og som skal minnes, er oppført på den tradisjonelle datoen. Der datoen varierer hvert år (for eksempel påske), er den spesielle tanken for den dagen ført på egen side umiddelbart før begynnelsen av den måneden, hvor den vanligvis forekommer.

Les hver morgen tanken for dagen. Sitt så stille og mediter over den for å kunne absorbere dens mening. Tenk på hvordan du kan anvende den i ditt eget liv. Prøv å tilpasse ditt sinn til den dype, åndelige erkjennelsen og livskraften som ligger til grunn for disse ordene.

Gjenkall tanken i løpet av dagen så ofte du kan. Gjenta den mentalt med dyp konsentrasjon, eller gjenta den høyt dersom omstendighetene tillater det. Forsøk på så mange måter som mulig å gjøre ideen til en praktisk virkelighet for deg selv og andre.

Om kvelden før du går til ro, gjenta mentalt tanken igjen, og noter i *"Dagbok for sjelen"* noen av dine egne åndelige observasjoner og selvanalyser.

Ved å dvele dypt ved de sannhetene som denne *dagboken* inneholder og ved å streve etter å praktisere budskapet, vil du oppleve at din bevissthet og ditt daglige liv blir subtilt forandret. Riktige tanker er springbrettet til riktig handling, og riktig handling leder til indre fred og varig lykke og til en gradvis utfoldelse av din egen selverkjennelse.

1. JANUAR — Nyttår

Ved begynnelsen av det nye året vil alle de lukkede dørene av begrensninger bli åpnet, og jeg skal gå gjennom dem til større områder, hvor mine verdifulle drømmer i livet vil bli oppfylt. – *Paramahansa Yogananda, "Self-Realization Magazine"*

2. JANUAR — Nyttår

I det nye året er mitt største ønske og min bønn for deg at du slutter med dårlige vaner i tankegang og gjerning. Trekk ikke dine dårlige vaner med deg inn i det nye året. Du må ikke bære dem med deg. Når som helst kan du bli nødt til å gi slipp på ditt dødelige legeme, og disse vanene vil forsvinne. De tilhører ikke deg nå. Nekt dem adgang! Legg bak deg alle nytteløse tanker og forgagne sorger og dårlige vaner. Start livet på nytt! – *Paramahansa Yogananda, "Self-Realization Magazine"*

3. JANUAR — Nyttår

Bestem hvilke vaner du vil vende deg av med i det nye året. Ta din beslutning om dem, og hold fast ved din avgjørelse. Bestem deg for å gi mer tid til Gud: Mediter regelmessig hver dag og mediter flere timer en natt hver uke, slik at du kan føle ditt åndelige fremskritt overfor Gud. Bestem deg for at du vil praktisere *Kriya Yoga* regelmessig og kontrollere din appetitt og dine følelser. Bli en mester! – *Paramahansa Yogananda, "Man's Eternal Quest"*

4. JANUAR — Guruen

I begynnelsen av ens åndelige søken er det klokt å sammenligne forskjellige, åndelige veier og lærere. Men når du finner den virkelige guruen som er bestemt for deg, skulle din hvileløse søken opphøre. Hans lære kan lede deg til det guddommelige målet. En åndelig tørst person bør ikke fortsette i det uendelige med å søke nye brønner. Han bør heller gå til den beste brønnen og drikke daglig av dens levende vann.
– *Paramahansa Yogananda, SRFs leksjoner*

5. JANUAR — Guruen

Paramahansa Yoganandas fødselsdag

Hvis jeg ikke ser deg, husk at jeg arbeider for deg på et annet sted. Det at jeg skulle se deg hele tiden, vil nødvendigvis ikke hjelpe deg. Du vil motta mer ved å meditere dypt og regelmessig. Jeg er ikke her bare for å hjelpe deg i dette livet, men også i livet hinsides. – *Paramahansa Yogananda, foredrag*

6. JANUAR — Guruen

Jeg ønsker å bruke min båt mange ganger
over havgapet etter døden,
 og vende tilbake til jordens kyster fra mitt hjem i himmelen.
 Jeg ønsker å laste med i min båt
 de som venter, de tørste som er blitt igjen,
 og føre dem over det opalblå vann med regnbuefarget glede,
 dit hvor min Far deler ut
 Sin fredens væske, som slukker alt begjær.
– *Paramahansa Yogananda,*
"Man's Eternal Quest"

7. JANUAR — Guruen

Å, min Guru! Hvis alle guder er sinte på meg, og du likevel er tilfreds med meg, er jeg trygg i festningen av din tilfredshet. Og hvis alle guder beskytter meg med brystvern av sine velsignelser, og jeg likevel ikke mottar din velsignelse, er jeg foreldreløs, etterlatt for å pines åndelig i ruinene av din misnøye.

Å, Guru, du løftet meg ut av forvirringens land og inn i paradiset av fred. Min søvn i sorg har endt, og jeg er våken i glede. – *Paramahansa Yogananda, "Whispers from Eternity"*

8. JANUAR — Guruen

Det er fordi Gud ønsker deg at jeg er her hos deg, og ber deg om å komme Hjem, hvor min Elskede er, hvor Kristus, Krishna, Babaji, Lahiri Mahasaya, Sri Yukteswarji og de andre helgener er. "Kom," sier Herren, "de fryder seg alle i Meg. Ingen verdslige gleder – smaken av mat, skjønnheten av blomster, den forbigående nytelsen av jordisk kjærlighet – kan sammenlignes med de guddommelige gledene i Mitt hjem."

Det er bare en Virkelighet. Det er Han. Glem alt annet. – *Paramahansa Yogananda, "Sayings of Paramahansa Yogananda"*

9. JANUAR Guruen

Når man har funnet sin guru, skal man være betingelsesløst hengiven overfor ham, fordi han er Guds budbringer. Guruens eneste formål er å bringe disippelen til selverkjennelse. Den kjærligheten en guru mottar fra en disippel, blir gitt av guruen til Gud.
– *Paramahansa Yogananda,"Sayings of Paramahansa ogananda"*

10. JANUAR — Guruen

Jeg savner dere aldri når jeg er borte, fordi innvendig er dere alltid hos meg nå og vil bli det for alltid. Om vi lever her eller passerer gjennom dødens porter, skal vi alltid være sammen i Gud. – *Paramahansa Yogananda til en gruppe disipler.*

11. JANUAR — Guruen

Uten en guru kan gjennomsnittsdisippelen ikke finne Gud. Det trengs 25% hengiven praktisering av meditasjonsteknikkene, 25% velsignelse av guruen og 50% nåde fra Gud. Hvis du forblir trofast i dine anstrengelser til siste slutt, vil Han vise seg for deg.
– *Paramahansa Yogananda, "Self-Realization Magazine"*

12. JANUAR — Lydighet

Den sanne disippelen adlyder sin guru stilltiende i alt, fordi guruen er en mann av visdom og renhet. – *Paramahansa Yogananda, "Self-Realization Magazine"*

13. JANUAR — Lydighet

Hvis vi tillater at vår vilje blir ledet av en mesters visdom, og hans vilje er i samklang med Gud, da søker mesteren å lede vår vilje på en slik måte at vi hurtig reiser veien tilbake til guddommelighet. Hovedforskjellen mellom et verdslig menneske og en helgen er at det vise mennesket har avstemt sin vilje med den guddommelige viljen. — *Rajarsi Janakananda, "Rajarsi Janakananda: A Great Western Yogi"*

14. JANUAR — Lydighet

Noen ganger sier studenter til meg: "Den og den personen gjør bedre åndelig fremskritt enn meg. Hvorfor?" Jeg svarer: "Han vet hvordan han skal lytte." Alle mennesker ville være i stand til å forandre sine liv ved å høre med dyp oppmerksomhet de enkle rådene som er gitt i den etiske lovboken til alle religioner. Det er den harde kjernen av egoisme i de fleste menneskers hjerter som hindrer dem fra å lytte oppmerksomt til tidenes visdom. – *Paramahansa Yogananda, "God Talks With Arjuna: The Bhagavad Gita"*

15. JANUAR — Lydighet

Lydighet overfor guruen er nødvendig for å komme i harmoni med hans visdom. Det er ikke slaveri å følge ønsket til en guru som har erkjent Gud, fordi hans ønske fører til uavhengighet og frihet. En sann guru er Guds tjener, som utfører Hans plan for din frigjøring. Erkjenn dette, og du vil alltid adlyde, inntil du finner fullkommen frihet i Ånden. – *Paramahansa Yogananda, "Self-Realization Magazine"*

16. JANUAR — Lydighet

Uten gudserkjennelse har du liten frihet. Ditt liv er styrt av impulser, luner, sinnsstemninger, vaner og omgivelser. Ved å følge en sann gurus råd og ved å akseptere hans disiplin vil du gradvis komme ut av sansenes slaveri. – *Paramahansa Yogananda, "Sayings of Paramahansa Yogananda"*

17. JANUAR — Lydighet

Det er lett for meg å plante frøet av kjærlighet til den Guddommelige i dem som er i samklang med meg. De som adlyder mine ønsker, adlyder i virkeligheten ikke meg, men Faderen i meg. Gud snakker ikke til mennesket direkte, men bruker guruen og hans lære som kanal. – *Paramahansa Yogananda, "Self-Realization Magazine"*

18. JANUAR — Lydighet

Til og med de største mestrene lytter ydmykt til sine guruer, fordi det er veien av rettferdighet. –
Paramahansa Yogananda, "Self-Realization Magazine"

19. JANUAR — Lydighet

Når du er uvillig til å utføre et arbeid, er du trett fra begynnelsen av, og når du er villig, er du full av energi. Arbeid alltid villig, og du vil oppdage at du blir opprettholdt av Guds utrettelige kraft. – *Paramahansa Yogananda, "Self-Realization Magazine"*

20. JANUAR — Selvanalyse

Nøkkelen til fremskritt er selvanalyse. Selvgranskning er et speil, hvor du kan se ditt sinns dybder, som ellers ville være skjult for deg. Klarlegg dine feil, og systematiser dine gode og dårlige tendenser. Analyser hva du er, hva du ønsker å bli, og hvilke svakheter som hindrer deg. – *Paramahansa Yogananda, "The Law of Success"*

21. JANUAR — Selvanalyse

Enhver bør lære å analysere seg selv objektivt. Skriv daglig ned dine tanker og forhåpninger. Finn ut hva du er – ikke hva du innbiller deg at du er! – fordi du ønsker å gjøre deg selv til hva du bør være. De fleste mennesker forandrer seg ikke, fordi de ser ikke sine egne feil. – *Paramahansa Yogananda, "Man's Eternal Quest"*

22. JANUAR — Selvanalyse

Forsøk å gjøre deg selv til hva du bør være, og hva du ønsker å være. Når du retter ditt sinn mot Gud og er i harmoni med Hans vilje, vil du gjøre stadig sikrere fremskritt på din vei. – *Paramahansa Yogananda,"The Law of Success"*

23. JANUAR — Selvanalyse

Det er en god ide å ta et mentalt tilbakeblikk. Før du går til sengs hver natt, sitt en kort stund og se tilbake på dagen. Se hva du blir til. Liker du trenden i ditt liv? Hvis ikke, forandre den. – *Paramahansa Yogananda,"Sayings of Paramahansa Yogananda"*

24. JANUAR — Selvanalyse

Mange mennesker unnskylder sine egne feil, men dømmer andre hardt. Vi bør snu denne holdningen ved å unnskylde andres feil og ved å granske våre egne nøye. – *Paramahansa Yogananda, "The Law of Success"*

25. JANUAR — Selvanalyse

Alt du har kunnskap om, har en tilsvarende vibrasjon inne i deg. En som er rask til å se og dømme ondskap i andre personer, har frøet av denne ondskapen inni seg. En guddommelig person med ren og høy vibrasjonstone er alltid oppmerksom på den guddommelige gnisten i alle han møter. Hans sjels magnetiske vibrasjon blir med større intensitet trukket til denne vibrerende kraften i dem som kommer innenfor hans vibrasjonsområde. — *Paramahansa Yogananda, SRFs leksjoner*

26. JANUAR — Selvanalyse

Hvis du oppdager at du hver dag blir enten nærtagen, pirkete eller sladderaktig, da vet du at du gjør tilbakeskritt. Den beste testen er å analysere deg selv og finne ut om du er lykkeligere i dag enn du var i går. Hvis du føler at du er lykkeligere i dag, da gjør du fremskritt, og denne lykkefølelsen må fortsette. – *Paramahansa Yogananda, SRFs leksjoner*

27. JANUAR — Selvanalyse

Det er vanligvis mer eller mindre lett å analysere andre og klassifisere dem når det gjelder personlighet. Det er ofte vanskeligere å vende søkelyset mot seg selv i streng oppriktighet, men det er det du må gjøre for å finne ut hvilken forbedring eller forandring som er nødvendig. En hensikt med å oppdage din egen personlighet er å vite hvordan du påvirker andre. Bevisst eller ubevisst føler folk din personlighet, og deres reaksjon er et holdepunkt. – *Paramahansa Yogananda, SRFs leksjoner*

28. JANUAR — Selvanalyse

Se inn i deg selv. Husk at den Uendelige er overalt. Ved å dykke dypt ned i overbevisstheten kan du utvikle ditt sinn gjennom evigheten. Ved tankens kraft kan du komme lenger enn den fjerneste stjernen. Sinnets ransakende lys er helt ut i stand til å kaste sine overbevisste stråler inn i den innerste kjernen av Sannhet. Bruk sinnet til å gjøre det. – *Paramahansa Yogananda, "Man's Eternal Quest"*

29. JANUAR — Selvanalyse

Du vet når du gjør noe galt. Hele ditt vesen forteller deg det, og den følelsen er Guds stemme. Hvis du ikke lytter til Ham, da er Han stille. Men når du åndelig våkner igjen, vil Han lede deg. Han ser dine gode og onde tanker og handlinger, men hva du enn gjør, er du likevel Hans barn. – *Paramahansa Yogananda, SRFs leksjoner*

30. JANUAR — Selvanalyse

Jeg husker alltid denne sannheten når jeg mentalt forsøker å finne en vei for å unnslippe fra noe som synes for vanskelig for meg. Jeg tenker da: "Jeg unnslipper, overvinner ikke." – *Sri Gyanamata, "God Alone: The Life and Letters of a Saint"*

31. JANUAR — Selvanalyse

Ved stadig å følge samvittighetens indre stemme, som er Guds stemme, vil du bli en sann, moralsk person, et høyt åndelig vesen, et fredens menneske. – *Paramahansa Yogananda, foredrag*

EN SPESIELL TANKE FOR FEBRUAR

Morsdag (Andre søndag i februar)

I India liker vi å snakke om Gud som den Guddommelige Mor, fordi en oppriktig mor er mer øm og tilgivende enn en far. Moren er et uttrykk for Guds betingelsesløse kjærlighet. Mødre ble skapt av Gud for å vise oss at Han elsker oss med eller uten grunn. Hver kvinne er for meg en representant for Moren. Jeg ser den Kosmiske Mor i alle. Det som jeg finner mest beundringsverdig i en kvinne, er hennes morskjærlighet. – *Paramahansa Yogananda, "Man's Eternal Quest"*

1. FEBRUAR — Indre forsakelse

Det er i orden å nyte livet. Lykkens hemmelighet er ikke å bli knyttet til noe. Nyt duften fra blomsten, men se Gud i den. Jeg har bare beholdt bevisstheten om sansene, for når jeg bruker dem, kan jeg alltid oppfatte og tenke på Gud. "Øynene mine ble skapt for å se Din skjønnhet overalt. Mine ører ble skapt for å høre Din allestedsnærværende stemme." Det er Yoga, forening med Gud. Det er ikke nødvendig å gå til skogs for å finne Ham. Verdslige vaner vil holde oss fast hvor som helst vi måtte være, inntil vi befrir oss fra dem. Yogien lærer å finne Gud i dypet av sitt hjerte. Hvor han enn går, bærer han med seg den lykksalige bevisstheten om Guds nærvær. – *Paramahansa Yogananda, "Man's Eternal Quest"*

2. FEBRUAR — Indre forsakelse

Å utføre handlinger uten å ønske deres frukter er sann forsakelse. Gud er den Guddommelige Forsaker, for Han utfører alle universets aktiviteter uten tilknytning til dem. Enhver som streber etter selverkjennelse – enten man er en munk eller en huseier – må handle og leve for Herren uten å bli følelsesmessig engasjert i Hans skapelsesdrama. – *Paramahansa Yogananda,"God Talks With Arjuna: The Bhagavad Gita"*

3. FEBRUAR — Indre forsakelse

Helgenene understreker ikketilknytning, slik at ikke sterk materiell tilknytning skal hindre at vi oppnår hele Guds rike. Forsakelse betyr ikke å oppgi alt. Det betyr å oppgi små fornøyelser til fordel for evig lykksalighet. – *Paramahansa Yogananda,"How You Can Talk With God"*

4. FEBRUAR — Indre forsakelse

Forsakelse er ikke et mål i seg selv. Forsakelse er midlet til å nå målet. Den virkelige forsakeren er han som først og fremst lever for Gud, uansett hans ytre form for eksistens. Å elske Gud og styre ditt liv for å behage Ham, det er det som betyr noe. Når du vil gjøre det, vil du kjenne Herren. – *Paramahansa Yogananda, "Man's Eternal Quest"*

5. FEBRUAR — Indre forsakelse

Forsak alt i ditt hjerte, og erkjenn at du bare spiller en rolle i den innviklede, kosmiske filmen, en rolle som før eller senere må bli avsluttet. Du vil da glemme den som en drøm. Våre omgivelser skaper den illusjonen i oss at våre nåværende roller og våre nåværende tester tilsynelatende er virkelige. Hev deg over den midlertidige bevisstheten. Erkjenn Gud inni deg, slik at Han blir den eneste innflytelsen i ditt liv.
– *Paramahansa Yogananda, "Rajarsi Janakananda: A Great Western Yogi"*

6. FEBRUAR — Indre forsakelse

En doven person finner aldri Gud. Et uvirksomt sinn blir djevelens verksted. Men personer som arbeider for å tjene til livets opphold, uten noe ønske om handlingenes frukter, og bare begjærer Gud, er sanne forsakere. – *Paramahansa Yogananda, "Sayings of Paramahansa Yogananda"*

7. FEBRUAR

Indre forsakelse

Forsakelse er den kloke veien som en hengiven sjel følger. Han gir villig avkall på noe mindre for å oppnå noe større. Han gir avkall på flyktige sansenytelser til fordel for evige gleder. Forsakelse er ikke et mål i seg selv, men den rydder grunnen for sjelens kvaliteter. Ingen bør frykte strengheten ved selvfornektelse. De åndelige velsignelsene som følger, er store og ikke sammenlignbare. *–Paramahansa Yogananda, "God Talks With Arjuna: The Bhagavad Gita"*

8. FEBRUAR

Indre forsakelse

Hvis jeg noen gang følte et lite menneskelig ønske om noe jeg ikke kunne få, ble dette spørsmålet øyeblikkelig rettet til min sjel: "Hvorfor kom du (til Gurus ashram)?" Svaret var alltid: "Bare for Gud." På et øyeblikk var min visjon klar og uten hinder igjen. Dette har vært den urokkelige og stabile kjensgjerningen for mitt disippelforhold. – *Sri Gyanamata, "God Alone: The Life and Letters of a Saint"*

9. FEBRUAR — Indre forsakelse

Forsakelse er ikke negativt, men positivt. Det er å oppgi ikke annet enn elendighet. Man bør ikke tenke på forsakelse som en vei av oppofrelse. Det er heller en guddommelig investering, som ved hjelp av våre få kroner av selvdisiplin vil gi oss en million åndelige kroner. Er ikke det visdom å bruke våre flyktige dagers gullpenger til å kjøpe evigheten? – *Paramahansa Yogananda, "Sayings of Paramahansa Yogananda"*

10. FEBRUAR — Guddommelig kjærlighet

Herren ønsker at vi skal unnslippe denne verden av illusjon. Han gråter over oss, for Han vet hvor vanskelig det er for oss å oppnå Hans frigjøring. Men du må bare huske at du er Hans barn. Ikke syns synd på deg selv. Du er like mye elsket av Gud som Han elsker Jesus og Krishna. Du må søke Hans kjærlighet, for den omfatter evig frihet, uendelig glede og udødelighet. – *Paramahansa Yogananda, "The Divine Romance"*

11. FEBRUAR — Guddommelig kjærlighet

Den største romansen er med den Uendelige. Du har ingen ide om hvor vakkert livet kan være. Når du plutselig finner Gud overalt, og når Han kommer og snakker til deg og leder deg, har romansen av guddommelig kjærlighet startet. – *Paramahansa Yogananda, "Man's Eternal Quest"*

12. FEBRUAR — Guddommelig kjærlighet

Guds kjærlighet er den eneste Virkelighet. Vi må erkjenne denne Guds kjærlighet – den er så stor, så full av glede. Jeg kan ikke engang begynne å fortelle deg hvor stor den er! Folk i verden tenker: "Jeg gjør dette. Jeg nyter dette." Hva de enn gjør og nyter, kommer uunngåelig til en slutt. Men Guds kjærlighet og glede, som jeg føler, er uten noen ende. Man kan aldri glemme den når man en gang har smakt den. Den er så stor at man aldri ville ønske at noe annet skulle ta dens plass. Det vi alle virkelig ønsker, er Guds kjærlighet, og du vil få den når du oppnår en dypere erkjennelse. – *Rajarsi Janakananda, "Rajarsi Janakananda: A Great Western Yogi"*

13. FEBRUAR — Guddommelig kjærlighet

Gud vil ikke fortelle deg at du bør ønske Ham fremfor alt annet, for Han ønsker at din kjærlighet skal bli frivillig gitt uten "påvirkning." Det er hele hemmeligheten med dette universets spill. Han som skapte oss, lengter etter vår kjærlighet. Han ønsker at vi skal gi den spontant, uten at Han spør om den. Vår kjærlighet er det eneste Gud ikke eier, med mindre vi velger å gi den. Så du ser at til og med Herren har noe å oppnå: vår kjærlighet. Og vi vil aldri bli lykkelige før vi gir den. – *Paramahansa Yogananda,"- How You Can Talk With God"*

14. FEBRUAR — Guddommelig kjærlighet

(Valentins dag)

Han er den nærmeste av de nære, den kjæreste av de kjære. Elsk Ham som en gnier elsker penger, som et forelsket menneske elsker sin kjæreste, som en druknende person kjemper etter luft. Når du lengter intenst etter Gud, vil Han komme til deg. – *Paramahansa Yogananda, "Sayings of Paramahansa Yogananda"*

15. FEBRUAR — Guddommelig kjærlighet

Alle mine spørsmål er blitt besvart, ikke av mennesker, men av Gud. Han *er*, Han *er*. Det er Hans ånd som snakker til deg gjennom meg. Det er Hans kjærlighet som jeg taler om. Bølge etter bølge av sitring! Lik en mild vind kommer Hans kjærlighet over sjelen. Dag og natt, uke etter uke, år etter år, fortsetter den å øke. Du vet ikke hvor slutten er. Og det er det dere søker, hver eneste en av dere. Du tror du ønsker menneskelig kjærlighet og velstand, men bak er det din Far som kaller på deg. Hvis du erkjenner at Han er større enn alle Hans gaver, vil du finne Ham. – *Paramahansa Yogananda, "The Divine Romance"*

16. FEBRUAR — Guddommelig kjærlighet

Utvikle kjærligheten til Gud, slik at jeg ser i dine øyne at du er fylt av Gud, og at du ikke spør: "Når vil jeg ha Gud?" Når du spør slik, er du ikke en hengiven. Den hengivne sier: "Jeg har Ham. Han lytter til meg. Min Elskede er alltid med meg. Han beveger mine hender. Han fordøyer min mat. Han ser på meg gjennom stjernene." – *Paramahansa Yogananda, foredrag*

17. FEBRUAR — Guddommelig kjærlighet

Hvis ditt sinn aldri tviler i mørket, hvis kjærlighet og lengsel aldri er svak, det er da du beviser for deg selv at du virkelig har Guds kjærlighet. – *Sri Gyanamata, "God Alone: The Life and Letters of a Saint"*

18. FEBRUAR — Guddommelig kjærlighet

Da Herren befalte: "Du skal ikke ha andre Guder enn meg. Du skal ikke lage deg noe gudebilde," (2.Mos 20, 3-4) mente Han at vi ikke skulle opphøye skapelsens objekter over Skaperen. Vår kjærlighet til natur, familie, venner, plikter og eiendeler bør ikke okkupere den høyeste tronen i våre hjerter. Det er der *Gud* hører til. – *Paramahansa Yogananda, "Sayings of Paramahansa Yogananda"*

19. FEBRUAR — Guddommelig kjærlighet

Guds kjærlighet er så altomfattende at uansett hva galt vi har gjort, tilgir Han oss. Hvis vi elsker Ham med hele vårt hjerte, utsletter Han vår *karma. – Paramahansa Yogananda, "Self-Realization Magazine"*

20. FEBRUAR — Guddommelig kjærlighet

Gud forstår deg når alle andre misforstår deg. Han er elskeren som alltid holder av deg, uansett dine feil. Andre gir deg sin hengivenhet for en stund og så forsaker deg, men Han forlater deg aldri.

Gud søker daglig din kjærlighet på talløse måter. Han straffer deg ikke hvis du avslår Ham, men du straffer deg selv. Du finner at "alle ting svikter den som svikter Meg." – *Paramahansa Yogananda, "Sayings of Paramahansa Yogananda"*

21. FEBRUAR Guddommelig kjærlighet

Guds kjærlighet kan ikke bli beskrevet. Men den kan bli følt når hjertet er renset og gjort standhaftig. Når sinnet og følelsen blir dirigert innover, begynner du å føle Hans glede. Sansefornøyelser varer ikke, men Guds glede varer for alltid. Den er uforlignelig! – *Paramahansa Yogananda, "The Divine Romance"*

22. FEBRUAR — Ydmykhet

Stolthet forblinder og forviser visjoner av storhet, som eies av større sjeler. Ydmykhet er den åpne port, som den guddommelige flod av barmhjertighet og kraft elsker å strømme inn gjennom de mottagelige sjeler. — *Paramahansa Yogananda, SRFs leksjoner*

23. FEBRUAR — Ydmykhet

Ydmykhet kommer ved å erkjenne at Gud er den som handler, ikke du. Når du forstår det, hvordan kan du være stolt av noen fullførelse? Tenk stadig at alt arbeid som du utfører, blir gjort av Herren gjennom deg. – *Paramahansa Yogananda, "Self-Realization Magazine"*

24. FEBRUAR — YDMYKHET

Det største mennesket er det som betrakter seg selv som å være det minste, slik Jesus lærte. En virkelig leder er en som først lærte lydighet overfor andre, og som betrakter seg å være tjeneren for alle, og som aldri setter seg selv på en pidestall. De som ønsker smiger, fortjener ikke vår beundring, men den som tjener oss, har rett til vår kjærlighet. Gud tjener Sine barn, men spør Han etter lovprisning? Nei, Han er for stor til å bli påvirket av det. – *Paramahansa Yogananda, "Sayings of Paramahansa Yogananda"*

25. FEBRUAR Ydmykhet

Hvis ditt arbeid i livet er beskjedent, be ikke om unnskyldning for det. Vær stolt, fordi du oppfyller den oppgaven som er gitt deg av Faderen. Han trenger deg på ditt spesielle sted. Alle mennesker kan ikke spille den samme rollen. Så lenge du arbeider for å behage Gud, vil alle kosmiske krefter assistere deg harmonisk. – *Paramahansa Yogananda, "The Law of Success"*

26. FEBRUAR — Ydmykhet

Litt kunnskap er en farlig ting, for disippelen kan bli forfengelig og selvtilfreds og uriktig anta at han *er* hva han *vet*. Et ordspråk sier: Hovmot står for fall. En person som beundrer seg selv, er tilbøyelig til å avstå fra videre innsats....Bare den som er fri fra følelsen av innbilskhet, blir mer og mer åndelig, inntil han er ett med Gud. – *Paramahansa Yogananda, "God Talks With Arjuna: The Bhagavad Gita"*

27. FEBRUAR — Ydmykhet

Ydmykhet er uttrykk for et forståelsesfullt hjerte, og er et eksempel på storhet til å bli fulgt av andre. – *Paramahansa Yogananda, SRFs leksjoner*

28. FEBRUAR — Ydmykhet

Regnet av Guds nåde kan ikke samle seg på fjelltopper av stolthet, men strømmer lett ned i daler av ydmykhet. — *Paramahansa Yogananda, "Sayings of Paramahansa Yogananda"*

29. FEBRUAR — Ydmykhet

Å, Skaper av Alt! La meg bli en strålende blomst i Dine drømmers hage. Eller må jeg bli en liten stjerne, opprettholdt på den tidløse tråden av Din kjærlighet som en blinkende perle på Dine himlers enorme halsbånd.

Eller gi meg den høyeste æren: den mest ydmyke plassen inni ditt hjerte. Der vil jeg se skapelsen av livets edleste visjoner. – *Paramahansa Yogananda, "Whispers from Eternity"*

1. MARS — Guru-disippel forholdet

Når du er lojal mot prinsippene om guru-disippel forholdet, blir den åndelige veien meget lett. Du kan ikke da komme på avveie. Uansett hvordan illusjonen forsøker å trekke deg bort, vil mesteren – som har opplevd Gud – kjenne ditt problem og vil hjelpe til å få deg stødig inn på veien igjen. Dette er hva guruen gjør for deg, hvis du er i samklang med ham. – *Paramahansa Yogananda, "Journey to Self-Realization"*

2. MARS — Guru-disippel forholdet

Studenter er de som følger mesteren mer eller mindre overfladisk i samsvar med deres tilbøyelighet til å velge og vrake. Men disippelen er en som aksepterer det hele med åpent hjerte og sinn. Han behøver ikke å bli overtalt, men følger sin egen vilje og bestemmelse. Han blir målbevisst, trofast og hengiven til slutten, inntil han har funnet frihet i Gud. – *Paramahansa Yogananda, "The Second Coming of Christ: The Resurrection of the Christ Within You"*

3. MARS — Guru-disippel forholdet

Mestrene, de gode hyrdene i denne verden, kommer ned fra sine høye plasser og gir sine liv for å søke etter disipler som er tapt i mørket. De finner dem på forlatte og farlige steder, vekker dem, løfter dem opp på en guddommelig skulder og bærer dem med fryd til et sikkert sted i innhegningen. De mater dem med himmelsk mat og gir dem velsignet vann til drikke, og hvis et menneske spiser og drikker det, skal det leve for alltid. De gir dem kraft til å bli Guds sønner. De ofrer sine egne liv til siste trevl og til siste blodsdråpe, for frigjøring av fåret, som kjenner deres stemme. – *Sri Gyanamata, "God Alone: The Life and Letters of a Saint"*

4. MARS — Guru-disippel forholdet

Guruen og disippelen plikter å være lojale overfor hverandre, ikke bare i ett liv, men i mange liv, hvis dette er nødvendig for å nå Gud. De som er et hundre prosent lojale overfor en guru, kan være sikre på endelig frigjøring og oppstigning. Man kan ha mange lærere, men bare en guru som forblir ens guru til og med i mange forskjellige liv, inntil disippelen oppnår det endelige målet som er frigjøring i Gud. Du må huske dette, når forholdet engang er etablert.
— *Paramahansa Yogananda, SRFs leksjoner*

5. MARS — Guru-disippel forholdet

Den åndelige treningen som du *) har gitt meg, har vært og er fullkommen. Guruen kan ikke bli bedømt, hvis han i det hele tatt skal dømmes etter reglene som gjelder et vennskap mellom likestilte. Jeg har alltid visst det. – *Sri Gyanamata, "God Alone: The Life and Letters of a Saint"*

*) Paramahansa Yogananda

6. MARS — Guru-disippel forholdet

Vennskapet som eksisterer mellom guru og disippel, er evig. Det er fullstendig overgivelse. Det er ingen tvang, når en disippel aksepterer guruens trening. – *Paramahansa Yogananda, "Mans Eternal Quest"*

7. MARS — Guru-disippel forholdet

Paramahansa Yoganandas Mahasamadhi

Mitt legeme skal forgå, men mitt arbeid skal fortsette, og min ånd skal leve videre. Selv når jeg blir tatt bort, skal jeg arbeide sammen med dere alle for å frigjøre verden med Guds budskap. Forbered dere til Guds herlighet. Fyll dere med Åndens lys. – *Paramahansa Yogananda, "The Divine Romance"*

8. MARS — Guru-disippel forholdet

Swami Sri Yukteswar sa til sin disippel Paramahansa Yogananda: "Jeg vil være din venn fra nå av og i all evighet, uansett om du er på det laveste, mentale planet eller på det høyeste planet av visdom.

Jeg vil være din venn, selv om du skulle feile, for da ville du trenge mitt vennskap mer enn noensinne."
— *Swami Sri Yukteswar i SRFs leksjoner*

9. MARS — Guru-disippel forholdet

Swami Sri Yukteswars mahasamadhi

Swami Sri Yukteswar sa til Paramahansa Yogananda, da han legemlig viste seg for ham den 19. juni 1936, mer enn tre måneder etter sin *mahasamadhi* (en stor yogis endelige, bevisste utgang fra legemet): "Sørg ikke over meg.... Du og jeg skal smile sammen, så lenge våre to skikkelser viser seg forskjellige i Guds *maya*-drøm. Til slutt skal vi smelte sammen til en i den Kosmiske Elskede. Våre smil skal bli Hans smil. Vår forente sang av glede skal vibrere gjennom evigheten og blir sendt til sjeler, som er i samklang med Gud!" – *Swami Sri Yukteswar, i "En yogis selvbiografi"*

10. MARS — Guru-disippel forholdet

Min guru viste meg hvordan jeg skulle bruke visdommens meisel for å gjøre meg til et egnet tempel til å motta Guds nærvær. Hvert menneske kan gjøre det samme, hvis det følger forskriftene til guddommelig opplyste lærere. – *Paramahansa Yogananda, SRFs leksjoner*

11. MARS — Viljekraft

Mennesket, som et Guds bilde, eier inni seg den guddommelige, altoppnåelige viljekraften. Å oppdage ved rett meditasjon hvordan man skal være i harmoni med den guddommelige viljen, er menneskets høyeste forpliktelse. — *Paramahansa Yogananda, "The Law of Success"*

12. MARS — Viljekraft

For å skape dynamisk viljekraft bestem deg til å gjøre noen av de tingene i livet som du trodde at du ikke kunne gjøre. Forsøk å gjøre enkle oppgaver først. Etter hvert som din selvtillit styrkes, og din vilje blir mer dynamisk, kan du ta sikte på vanskeligere oppgaver. Vær sikker på at du har gjort et godt valg. Avslå så å gi etter for fiasko. Sett inn hele din viljekraft for å mestre en ting om gangen. Spre ikke din energi, eller etterlat ikke noe halvgjort for å begynne på et nytt vågestykke. – *Paramahansa Yogananda, "The Law of Success"*

13. MARS — Viljekraft

Den menneskelige viljen misleder oss når den er ledet av villfarelse. Men når den er ledet av visdom, er den menneskelige viljen avstemt til den guddommelige viljen. Guds plan for oss blir ofte fordunklet av det menneskelige livets konflikter, og så mister vi den indre ledelsen som ville ha spart oss fra kløfter av elendighet. – *Paramahansa Yogananda, "The Law of Success"*

14. MARS — Viljekraft

Vær alltid sikker på, i den rolige delen av ditt indre selv, at det du ønsker, er rett for deg å ha og er i harmoni med Guds hensikter. Du kan da bruke all din viljekraft til å nå ditt mål, mens du holder ditt sinn rettet mot tanken på Gud: Kilden til all kraft og all oppnåelse. – *Paramahansa Yogananda, "The Law of Success"*

15. MARS — Viljekraft

Sinnet er skaperen av alt. Du bør derfor lede det til å skape bare godt. Hvis du holder fast ved en viss tanke med dynamisk viljestyrke, antar den til slutt en håndgripelig, ytre form. Når du alltid er i stand til å bruke din vilje til konstruktive formål, kan du kontrollere din skjebne. – *Paramahansa Yogananda, "The Law of Success"*

16. MARS — Viljekraft

Hvis du bruker alle disponible, ytre midler og dine naturlige evner for å overvinne hver hindring på din vei, vil du på den måten utvikle de kreftene som Gud ga deg – ubegrensede krefter som strømmer fra de innerste kreftene i ditt vesen. Du eier tankekraften og viljestyrken. Utnytt disse guddommelige gavene til det ytterste! – *Paramahansa Yogananda, "The Law of Success"*

17. MARS — Viljekraft

Hva du enn beslutter deg til å gjøre, kan du gjøre. Gud er totalsummen av alt, og Hans bilde er inni deg. Han kan gjøre alt, og det kan du også, hvis du lærer å identifisere deg med Hans uutømmelige natur. – *Paramahansa Yogananda, "Man's Eternal Quest"*

18. MARS — Viljekraft

Styrk din viljekraft, så du ikke blir kontrollert av omstendighetene, men vil kontrollere dem.
– *Paramahansa Yogananda i et "Para-gram"*

19. MARS — Viljekraft

Din rolle er å vekke ditt ønske om å gjennomføre dine gode forsetter. Pisk så din vilje til handling, inntil den følger visdommens vei, som er vist deg.
– *Paramahansa Yogananda, SRFs leksjoner*

20. MARS Viljekraft

Husk at i din vilje ligger den allmektige Guds vilje. Når en skare av vanskeligheter kommer, og du avslår å gi opp til tross for alle hindringer, og når ditt sinn er bestemt, da vil du finne at Gud svarer deg. – *Paramahansa Yogananda, "How You Can Talk With God"*

21. MARS — Vaner

Det er ikke så meget dine forbigående inspirasjoner eller glimrende ideer som kontrollerer ditt liv, men dine hverdagslige, mentale vaner. – *Paramahansa Yogananda, "The Law of Success"*

22. MARS — Vaner

Gode vaner er dine beste hjelpere. Bevar deres kraft ved å stimulere dem med gode gjerninger. Dårlige vaner er dine verste fiender. Mot din vilje får de deg til å gjøre ting som skader deg mest. De er skadelige for din fysiske, sosiale, mentale, moralske og åndelige lykke. Sult ut dårlige vaner ved å nekte å gi dem ytterligere føde av dårlige gjerninger. – *Paramahansa Yogananda, "Vitenskapelige, helbredende bekreftelser"*

23. MARS — Vaner

Både gode og dårlige vaner trenger tid til å erverve kraft. Kraftige, dårlige vaner kan bli erstattet av motsatte gode vaner, hvis de siste blir tålmodig utviklet. – *Paramahansa Yogananda,"Vitenskapelige, helbredende bekreftelser"*

24. MARS — Vaner

En dårlig vane kan raskt forandres. En vane er resultatet av sinnets konsentrasjon. Du har tenkt på en bestemt måte. For å danne en ny og god vane må du bare konsentrere deg i den motsatte retningen.
– *Paramahansa Yogananda, "Sayings of Paramahansa Yogananda"*

25. MARS — Vaner

Gjennom vanskelige, daglige leksjoner vil du noen ganger se klart at dårlige vaner gir næring til treet av uendelige, materielle ønsker, mens gode vaner gir næring til treet av åndelige forhåpninger. Mer og mer bør du konsentrere dine anstrengelser mot suksessfullt å utvikle det åndelige treet, slik at du en dag kan høste den modne frukten av selverkjennelse. – *Paramahansa Yogananda, "The Law of Success"*

26. MARS — Vaner

Vær forsiktig med hva du velger å gjøre bevisst, for hvis ikke din vilje er meget sterk, kan du måtte gjøre det gjentatte ganger, tvunget av den vanedannende kraften i det underbevisste sinnet. — *Paramahansa Yogananda, SRFs leksjoner*

27. MARS — Vaner

Tankevaner er mentale magneter som trekker til deg visse ting, mennesker og forhold. Svekk en dårlig vane ved å unngå alt som forårsaket den eller stimulerte den, uten å konsentrere deg om den i din iver etter å unngå den. Vend så ditt sinn til en god vane og utvikle den stadig, inntil den blir en pålitelig del av deg. – *Paramahansa Yogananda, "The Law of Success"*

28. MARS — Vaner

Sann frihet består i å utføre alle gjerninger – som å spise, lese, arbeide og så videre – i samsvar med rett dømmekraft og viljens valg, og ikke å bli tvunget av vaner. Spis hva du bør spise og ikke nødvendigvis hva du er vant til. Gjør hva du bør gjøre, og ikke hva dine dårlige vaner dikterer deg. – *Paramahansa Yogananda, "Vitenskapelige, helbredende bekreftelser"*

29. MARS   Vaner

Det er bare når du vraker dine dårlige vaner at du virkelig er et fritt menneske. Inntil du er en sann mester, som er i stand til å befale deg til å gjøre de tingene som du bør gjøre, men kanskje ikke ønsker å gjøre, er du ikke en fri sjel. I kraften av selvkontroll ligger frøet til evig frihet. – *Paramahansa Yogananda, "The Law of Success"*

30. MARS — Vaner

Ikke fortsett med å leve på den samme, gamle måten. Bestem deg til å gjøre noe for å forbedre ditt liv, og gjør det. Forandre din bevissthet. Det er alt som er nødvendig. – *Paramahansa Yogananda, "Self-Realization Magazine"*

31. MARS — Vaner

Hvis du er i stand til å befri deg selv fra alle slags dårlige vaner, og hvis du kan gjøre godt fordi du ønsker å gjøre godt, og ikke bare fordi ondskap bringer sorg, da gjør du sannelig fremskritt i Ånden.
– *Paramahansa Yogananda, "The Law of Success"*

TANKER FOR PÅSKE-TIDEN

Korsfestelsen

Å Kristus, elskede Guds Sønn! Din prøvelse på korset var en udødelig seier av ydmykhet over maktbruk, av sjel over legeme. Måtte ditt lysende eksempel oppmuntre oss til tappert å bære våre lettere kors.

Å Store Elsker av villfaren menneskehet! I myriader av hjerter er et usynlig monument reist til ære for kjærlighetens mektigste mirakel – dine ord: "Tilgi dem, for de vet ikke hva de gjør." – *Paramahansa Yogananda, "Whispers from Eternity"*

Oppstandelsen

"Himmelske Far, jeg har oppstått med Kristus fra legemets grav til Ditt allestedsnærvær. Jeg har oppstått fra en liten familiehengivenhet til en omfattende kjærlighet til alle Dine skapninger. Jeg har oppstått fra uvitenhet til Din evige visdom. Jeg har oppstått fra alle verdslige ønsker til en tilstand med ønske om Deg alene. Jeg har oppstått fra lengsel etter menneskelig kjærlighet. Jeg lengter bare etter guddommelig kjærlighet. Jeg er ett med Kristus. Jeg er ett med Deg."
– *Paramahansa Yogananda, "Self-Realization Magazine"*

1. APRIL — MEDLIDENHET

Medlidenhet med alle vesener (*daya*) er nødvendig for guddommelig erkjennelse, for Gud Selv har denne kvaliteten i overflod. De med et følsomt hjerte kan sette seg i andres sted, føle deres lidelser og forsøke å lindre dem. – *Paramahansa Yogananda, "God Talks With Arjuna: The Bhagavad Gita"*

2. APRIL — MEDLIDENHET

Å, medlidenhetens Herre, lær meg å felle tårer av kjærlighet til alle vesener. La meg betrakte dem som mine egne – som forskjellige uttrykk for mitt Selv.

Jeg unnskylder lett mine egne feil. La meg derfor hurtig tilgi andres svakheter. Velsign meg, Far, så jeg ikke belaster mine medmennesker med uønsket kritikk. Dersom de ber meg om råd for å forsøke å forbedre seg, la mine forslag være inspirert av Deg.
– *Paramahansa Yogananda, "Whispers from Eternity"*

3. APRIL — MEDLIDENHET

Forsøk hver dag å gi oppmuntrende hjelp – slik som du ville hjelpe deg selv eller din familie – til den som i din omgivelse måtte være fysisk, mentalt eller åndelig syk. Da vil du, uansett din rolle på livsscenen, vite at du har spilt rollen rett, ledet av Regissøren for alle skjebner. – *Paramahansa Yogananda, SRFs leksjoner*

4. APRIL — MEDLIDENHET

Ditt guddommelige lys er skjult til og med i det mest lastefulle og gjennomtriste menneske, og det venter på å skinne frem under passende betingelser: en god omgangskrets og et brennende ønske om selvforbedring.

Vi takker Deg for at ingen synd er utilgivelig, ingen ondskap uovervinnelig. For relativitetens verden inneholder ingen absolutter.

Led meg, Å Himmelske Far, så jeg vekker Dine forvirrede barn til bevissthet om deres medfødte renhet, udødelighet og himmelske sønnsforhold. – *Paramahansa Yogananda, "Whispers from Eternity"*

5. APRIL — MEDLIDENHET

Jeg vil betrakte den personen, som nå ser på seg selv som min fiende, i sannhet å være min guddommelige bror, som skjuler seg bak et slør av misforståelse. Jeg vil rive til side dette sløret med kjærlighetens dolk, slik at når han ser min ydmyke, tilgivende forståelse, vil han ikke lenger avvise tilbudet om min godvilje.
– *Paramahansa Yogananda, "Metafysiske meditasjoner"*

6. APRIL — MEDLIDENHET

La uvennlighetens stygghet hos andre tilskynde meg til å gjøre meg selv vakker med kjærlig vennlighet.

Må hard tale fra mine følgesvenner alltid minne meg om å bruke vennlige ord. Hvis steiner fra onde sinn blir kastet mot meg, la meg bare sende godviljens prosjektiler tilbake.

Som en sjasminbusk drysser sine blomster over hendene som hogger dens røtter, så la meg øse tilgivelsens blomster over alle som opptrer fiendtlig mot meg.
– *Paramahansa Yogananda, "Whispers from Eternity"*

7. APRIL — MEDLIDENHET

La meg ikke øke uvitenheten hos dem som gjør noe galt, ved min intoleranse eller hevngjerrighet. Inspirer meg til å hjelpe dem ved min tilgivelse, mine bønner og tårer av vennlig kjærlighet. – *Paramahansa Yogananda, "Whispers from Eternity"*

8. APRIL — MEDLIDENHET

Søk å gjøre modige og vakre ting som forblir ugjort av de fleste mennesker. Gi gaver av kjærlighet og fred til dem, som andre går forbi. – *Paramahansa Yogananda, SRFs leksjoner*

9. APRIL — MEDLIDENHET

Som de vitale solstråler nærer alle, slik må du spre strålene av håp i hjertene til de fattige og forlatte, vekke mot i hjertene til de nedslåtte og tenne en ny styrke i hjertene til dem som tror at de har mislykkes.
— *Paramahansa Yogananda i et "Para-gram"*

10. APRIL — BØNN

Når Gud ikke svarer på dine bønner, er det fordi du ikke er oppriktig. Du tilbyr Ham tørre, uekte bønner, som du ikke kan forvente å få den Himmelske Fars oppmerksomhet til. Den eneste måten å nå Gud på gjennom bønn er ved utholdenhet, regelmessighet og dyp oppriktighet. Rens ditt sinn for alt negativt, slik som frykt, bekymring og sinne. Fyll det så med tanker av kjærlighet, tjeneste og glad forventning. I ditt hjertes indre helligdom må det være en kraft, en glede, en fred – Gud. – *Paramahansa Yogananda, "Where There is Light"*

11. APRIL　　　　　　　　　　　　　　BØNN

På samme måte som du ikke kan kringkaste gjennom en ødelagt mikrofon, så kan du ikke sende ut bønner gjennom en mental mikrofon som er kommet i uorden av rastløshet. Ved dyp ro bør du reparere ditt sinns mikrofon og øke mottageligheten av din intuisjon. Slik vil du bli i stand til effektivt å sende til Ham og å motta Hans svar. – *Paramahansa Yogananda, "The Law of Success"*

12. APRIL — BØNN

Mer enn i noe annet forhold kan vi rettmessig og naturlig kreve et svar fra Ånden i Dens aspekt som den guddommelige Mor. Gud er tvunget til å svare på en slik appell, for en mors vesen er kjærlighet og tilgivelse uansett hvor stor en synder hennes barn kan være. Forholdet mellom mor og barn er den vakreste formen av menneskelig kjærlighet som Herren har gitt oss. – *Paramahansa Yogananda, "How You Can Talk With God"*

13. APRIL — BØNN

Skjønt Gud hører alle våre bønner, svarer Han ikke alltid. Vår situasjon er lik den som et barn er i når det roper på sin mor. Moren tror ikke det er nødvendig å komme. Hun sender en leke for å holde det rolig. Men når barnet nekter å bli trøstet av noe annet enn morens nærvær, kommer hun. Hvis du ønsker å lære Gud å kjenne, må du være som den slemme babyen som skriker inntil moren kommer. – *Paramahansa Yogananda, "How You Can Talk With God"*

14. APRIL — BØNN

Du kan ikke bare sitte og vente på at suksess skal falle ned i fanget ditt. Når kursen din er satt, og din vilje er fast, må du gjøre en praktisk innsats. Da vil du se at det du trenger for å lykkes, starter med å komme til deg. Alt vil puffe deg i den rette retningen. I din guddommelig fylte viljekraft er svaret å be. Når du bruker den viljen, åpner du veien som dine bønner kan bli besvart gjennom. – *Paramahansa Yogananda, "Man's Eternal Quest"*

15. APRIL — BØNN

Jeg knelte i bønn i kapellet – jeg tenkte på noe som skulle komme inn i mitt liv, og som fylte meg med frykt. Jeg visste at det ikke var Guds vilje at jeg skulle bli reddet fra hendelsen. Til og med i det øyeblikket beveget den seg mot meg. Plutselig fortalte Gud meg den bønnen Han ville lytte til, og jeg sa hurtig: "Forandre ingen omstendigheter i mitt liv, forandre *meg*."
– Sri Gyanamata, "*God Alone: The Life and Letters of a Saint.*"

16. APRIL — Bønn

Kravet om svar fra Herren må være sterkt. En halvhjertet bønn er ikke tilstrekkelig. Hvis du bestemmer deg for: "Han *skal* snakke med meg." Hvis du avslår å tro noe annet, uansett hvor mange år Han ikke har svart deg, og hvis du fortsetter å stole på Ham, vil Han svare en dag. – *Paramahansa Yogananda, "How You Can Talk With God"*

17. APRIL — Bønn

Hvis du bare en gang kan "bryte brød" med Herren, bryte hans stillhet, vil Han snakke ofte med deg. Men i begynnelsen er det meget vanskelig. Det er ikke lett å bli kjent med Gud, fordi Han ønsker å være sikker på at du virkelig ønsker å kjenne Ham. Han gir tester for å se om disippelen ønsker Ham eller noe annet. Han vil ikke snakke med deg før du har overbevist Ham om at det ikke skjuler seg noe annet ønske i ditt hjerte. Hvorfor skulle Han avsløre Seg for deg, hvis ditt hjerte bare er fylt av lengsel etter Hans gaver? – *Paramahansa Yogananda, "How You Can Talk With God"*

18. APRIL — Bønn

Den beste fremgangsmåten er å be: "Herre, gjør meg lykkelig med bevissthet om Deg. Gjør meg fri fra alle jordiske begjær, og fremfor alt gi meg Din glede som varer lenger enn alle livets lykkelige og triste opplevelser.
– *Paramahansa Yogananda, "Man's Eternal Quest"*

19. APRIL Bønn

Ett svar vil dekke alle dine spørsmål: Vend deg til Gud, og fyll din bevissthet med erkjennelsen om Hans fullkommenhet. La din svakhet bli oppløst i den ærbødige tanken om Hans styrke. Det er ikke nødvendig å forklare ting for Gud, for Han kjenner ditt behov før du snakker, og er villig til å gi mer enn det du spør om. Når du mediterer, vend deg bort fra alt unntatt den ene dype tanke om Hans altoverskyggende nærvær. På denne måten vil du bli mottakelig, og helbredelse vil strømme gjennom legeme, sinn og sjel. – *Sri Gyanamata, "God Alone: The Life and Letters of a Saint"*

20. APRIL — Bønn

Den overbevisste loven om suksess blir satt i kraft ved menneskets bønner og ved forståelse av Herrens allmakt. Stopp ikke din bevisste innsats, eller stol ikke helt på dine egne, naturlige evner, men be om guddommelig hjelp i alt du gjør. – *Paramahansa Yogananda, "Vitenskapelige, helbredende bekreftelser"*

21. APRIL — Lykke

I en tid av uhell hørte jeg Din stemme som sa: "Solen av Min beskyttelse skinner likt på dine lyseste og dine mørkeste timer. Ha tro og smil! Tristhet er en fornærmelse mot Åndens lykksalige natur. La Mitt livs skapende lys komme til syne gjennom klare smil. Ved å være lykkelig, Mitt barn, behager du Meg." – *Paramahansa Yogananda, "Whispers from Eternity"*

22. APRIL — Lykke

Husk at når du er ulykkelig, er det vanligvis fordi du ikke visualiserer sterkt nok de store tingene som du avgjort ønsker å fullføre i livet, eller at du ikke standhaftig nok anvender din viljekraft, din skapende evne og din tålmodighet, inntil dine drømmer har materialisert seg. — *Paramahansa Yogananda, SRFs leksjoner*

23. APRIL — Lykke

Lykke avhenger til en viss grad av ytre forhold, men hovedsakelig av mentale holdninger. For å bli lykkelig bør man ha god helse, et avbalansert sinn, et fremgangsrikt liv, det rette arbeidet, et takknemmelig hjerte og fremfor alt visdom eller kunnskap om Gud. – *Paramahansa Yogananda, "The Law of Success"*

24. APRIL — Lykke

Latteren til den uendelige Gud må vibrere gjennom ditt smil. La brisen av Hans kjærlighet spre dine smil til menneskenes hjerter. Deres brann vil være smittsom. – *Paramahansa Yogananda, SRFs leksjoner*

25. APRIL — Lykke

Du har makt til å skade deg selv eller å gagne deg selv..... Hvis du ikke velger å være lykkelig, kan ingen gjøre deg lykkelig. Klandre ikke Gud for det! Og hvis du velger å være lykkelig, kan ingen gjøre deg ulykkelig.... Det er vi som gjør livet til hva det er.
— *Paramahansa Yogananda, SRFs leksjoner*

26. APRIL — Lykke

En sterk beslutning om å være lykkelig vil hjelpe deg. Vent ikke på at forholdene skal forandre seg, mens du uriktig tror at problemene ligger der.

Gjør ikke ulykkelighet til en kronisk vane, som påvirker deg og dem du omgås. Det er en velsignelse for deg og andre hvis du er lykkelig.

Hvis du er lykkelig, har du alt. Å være lykkelig er å være i samklang med Gud. Evnen til å være lykkelig kommer gjennom meditasjon. – *Paramahansa Yogananda, "The Law of Success"*

27. APRIL — Lykke

I stedet for alltid å streve etter personlig lykke, forsøk å gjøre andre lykkelige. Ved å være til åndelig, mental og materiell tjeneste for andre, vil du finne dine egne behov oppfylt. Når du glemmer ditt *selv* i tjeneste for andre, vil du oppdage at din egen kopp av lykke vil bli full uten at du er opptatt av det. — *Paramahansa Yogananda, SRFs leksjoner*

28. APRIL — Lykke

Tro ikke at litt glede i stillhet er nok. Glede er mer enn det. Anta for eksempel at du skal bli straffet ved ikke å få tillatelse til å sove når du har et desperat behov for hvile. Plutselig sier en eller annen: "Ja vel, du kan sove nå." Tenk på den gleden du ville føle like før du faller i søvn. Multipliser den en million ganger! Likevel ville det ikke beskrive den gleden som blir følt i forening med Gud. – *Paramahansa Yogananda, SRFs leksjoner*

29. APRIL — Lykke

Virkelig lykke kommer bare når din vilje blir ledet av sjelens skjønn til å velge godt i stedet for ondt, til enhver tid, på ethvert sted, fordi du i sannhet ønsker det gode for dets egen skyld. Da vil du være virkelig fri. – *Paramahansa Yogananda, SRFs leksjoner*

30. APRIL — Lykke

Jeg vil daglig søke lykke mer og mer inni mitt sinn, og mindre og mindre gjennom materielle fornøyelser. – *Paramahansa Yogananda, "Vitenskapelige, helbredende bekreftelser"*

1. MAI — LOJALITET

Den eneste måten å oppnå frelse på er å være fullstendig lojal overfor Gud. Denne livsdrømmen vil bli tatt bort fra deg en dag. Det eneste som er virkelig, er Guds kjærlighet. Intet annet. Alt er falske drømmer. Kom deg bort fra dem. Hvert minutt ser jeg hvor nødvendig det er. Han har bundet meg til SRF-arbeidet, og derfor forteller jeg Ham: "Jeg skal arbeide for Deg alene." Da føler jeg inni meg Hans største glede. – *Paramahansa Yogananda, "The Divine Romance"*

2. MAI — LOJALITET

Gjør innsatsen for å behage Gud først. Det er umulig å tilfredsstille alle. Jeg forsøker aldri å vekke misnøye hos noen. Jeg gjør mitt beste, og det er alt jeg kan gjøre. Mitt første mål er å behage Gud. Jeg bruker mine hender til å tilbe Ham, mine føtter til å søke Ham overalt, mitt sinn til å tenke at Han er alltid til stede. Hver opphøyet tanke må Gud ha. – Gud som fred, Gud som kjærlighet, Gud som vennlighet, Gud som forståelse, Gud som medlidenhet, Gud som visdom. Dette er den eneste tingen som jeg har kommet for å fortelle deg. Intet annet. – *Paramahansa Yogananda, "Man's Eternal Quest"*

3. MAI — LOJALITET

I den som er åndelig mottagelig, oppstår lojalitet spontant når disippelens hjerte blir badet i auraen til guruens betingelsesløse kjærlighet. Sjelen vet at den til slutt har funnet en sann venn, rådgiver og guide. Disippelen strever derfor å gjengjelde guruens betingelsesløse kjærlighet, spesielt når man blir testet. Slik ble troen og lojaliteten til Jesu disipler ofte satt på prøve uten at de forsto. Mange var med Jesus på fester og prekener, men hvor få var ved korset! – *Paramahansa Yogananda, "The Second Coming of Christ: The Resurrection of the Christ Within You"*

4. MAI — LOJALITET

Jeg avgir et hellig løfte: Aldri skal solskinnet i mine øyne på grunn av kjærlige tanker på Deg, synke ned under horisonten. Aldri vil jeg senke synskretsen av mine løftede øyne for å feste det på noe annet enn Deg. Aldri vil jeg gjøre noe som ikke minner meg om Deg. – *Paramahansa Yogananda, "Whispers from Eternity"*

5. MAI — LOJALITET

Rajarsi Janakanandas fødselsdag

Under en tale til en forsamling av studenter i Self-Realization sa Rajarsi i 1953:

"Alt jeg har å gi dere, er Mesters og Guds ånd. Jeg har ikke mer å si, ikke mer å gjøre enn å utføre de ønsker som Mester hadde for denne store bevegelsen. Det han gjør for dere i disse dagene, kommer ikke fra meg. Jeg selv er bare hans "lille gutt," som han snakket om. Jeg skal aldri bli mer enn en liten en, fordi det alltid vil være Mester, Paramahansaji, som er mitt liv og min velsignelse til dere alle." – *Rajarsi Janakananda, "Rajarsi Janakananda: A Great Western Yogi"*

6. MAI — LOJALITET

Sanne disipler kan bli kalt fanatiske i sin hengivenhet til Ham. Den eneste riktige slags fanatisme er lojalitet til Gud – å tenke bare på Ham, natt og dag, natt og dag. Uten den slags lojalitet er det umulig å finne Gud. De som aldri forsømmer *Kriya*, og som sitter lenge i meditasjon og ber intenst til Gud, vil oppdage den etterlengtede Skatt. – *Paramahansa Yogananda, "Man's Eternal Quest"*

7. MAI — LOJALITET

Nøl ikke lenger.... Følg sannheten som Gud har sendt gjennom Self-Realization Fellowship, og du skal bli velsignet for alltid. Gud kaller alltid på deg gjennom mitt hjertes fløyte. Jeg ber deg innstendig – glem Ham ikke. Våre legemer kan forgå, men la for alltid våre sjeler skinne som evige stjerner i Guds hjerte.
– *Paramahansa Yogananda,"The Divine Romance"*

8. MAI — LOJALITET

Du vil oppdage at alt vil svike deg, hvis du sviker din lojalitet overfor Gud. Så la ikke en dråpe olje falle fra lampen av din oppmerksomhet i helligdommen av din indre stillhet, når du mediterer hver dag, og når du utfører omhyggelig dine plikter i verden. – *Paramahansa Yogananda,"Man's Eternal Quest"*

9. MAI — LOJALITET

Gud er like meget til stede i alle, men Han er mest klart uttrykt i hjertet til den åndeligsinnede, lojale personen som tenker bare på Ham. Gjennom din lojalitet overfor Gud kan du etablere din Enhet med Ham. Lojalitet tiltrekker den guddommelige oppmerksomheten. Så når stormene i livet samler seg, og bølgene av prøvelser slår mot deg, kan du føre ditt livs båt trygt til de guddommelige kystene ved å erkjenne Hans allestedsnærvær. – *Paramahansa Yogananda i et "Para-gram"*

10. MAI — LOJALITET

Fødselsdag til Swami Sri Yukteswar

Å være i guruens selskap er ikke bare å være i hans fysiske nærvær (da dette av og til er umulig), men det betyr hovedsakelig å bevare ham i våre hjerter og være ett med ham i prinsippet og bringe oss i harmoni med ham. – *Swami Sri Yukteswar, "The Holy Science"*

11. MAI — SKJØNN

Husk at å finne Gud, vil bety begravelsen av alle sorger. – *Swami Sri Yukteswar, i "En yogis selvbiografi"*

12. MAI — Skjønn

Hellighet er ikke dumhet! Guddommelige oppfattelser gjør en ikke udyktig. Dydens aktive uttrykk gir mulighet for den skarpeste intelligens.
– *Swami Sri Yukteswar, i "En yogis selvbiografi"*

13. MAI — Skjønn

Tilknytning forblinder. Den gir en innbilt glorie av tiltrekning til det objektet som begjæres.
– *Swami Sri Yukteswar, i "En yogis selvbiografi"*

14. MAI — Skjønn

Til dem som alltid er knyttet til Meg, og som tilber Meg med kjærlighet, formidler jeg skjønnsom visdom (*Buddhi Yoga*). Ved dens hjelp oppnår de Meg fullstendig. – *Bhagavan Krishna, i "Bhagavad Gita"*

15. MAI — Skjønn

Dine gode vaner hjelper deg i vanlige og kjente situasjoner, men de strekker kanskje ikke til å lede deg når et nytt problem oppstår. Da er skjønn nødvendig.

Mennesket er ikke en automat, og det kan derfor ikke alltid leve på en forstandig måte ved bare å følge regler og strenge forskrifter for moral. I den store variasjonen av daglige problemer og hendelser finner vi spillerom for utvikling av god dømmekraft. – *Paramahansa Yogananda, "Sayings of Paramahansa Yogananda"*

16. MAI **Skjønn**

Ikke kunngjør alle dine hemmeligheter i ditt ønske om å være ærlig. Hvis du forteller om dine svakheter til skruppelløse personer, vil de ha stor moro med å drive ap med deg hvis de ved en senere anledning ønsker å skade deg. Hvorfor skulle du forsyne dem med "ammunisjon?" Snakk og handle på en måte som vil bringe varig lykke for deg selv og andre. – *Paramahansa Yogananda, SRFs leksjoner*

17. MAI — Skjønn

Lojalitet overfor en åndelig vane uten oppriktighet og overbevisning er skinnhellig. Lojalitet overfor ånden i en vane, endog uten å holde fast ved en form, er visdom. Men lojalitet verken overfor åndelig vane eller prinsipp eller lærer er åndelig forfall. Hold deg til Gud og Hans tjener, og du vil se at Hans hånd arbeider gjennom alle ting. – *Paramahansa Yogananda,"Self-Realization Magazine"*

18. MAI — Skjønn

Ikke la tanken arbeide hele tiden med å løse et problem. La den hvile av og til, og den kan arbeide seg selv ut. Men pass på at du ikke hviler så lenge at ditt skjønn tapes. Bruk heller disse hvileperiodene til å gå dypt inn i de rolige områdene av ditt indre selv.
– *Paramahansa Yogananda, "The Law of Success"*

19. MAI — Skjønn

Hold alltid ditt skjønn levende. Unngå de tingene som ikke vil gagne deg. Og tilbring aldri din tid i ledighet. – *Paramahansa Yogananda, foredrag*

20. MAI Skjønn

Når mennesket blir litt opplyst, sammenligner han sine opplevelser som gjelder den materielle skapelsen – samlet i den våkne tilstanden – med sine opplevelser i drømme. Idet han forstår at de siste bare er ideer, begynner han å nære tvil med hensyn til den virkelige eksistensen av den første. Hans hjerte blir da drevet frem for å få vite universets virkelige natur. Når han kjemper for å oppklare sin tvil, søker han etter bevis for å avgjøre hva som er sannhet. I denne tilstanden blir mennesket kalt *Kshatriya*, eller en av krigerkasten. Det å kjempe på den måten som er nevnt foran, blir hans naturlige plikt. Ved denne utførelsen kan han få innsikt i skapelsens natur og oppnå den virkelige kunnskapen om den. – *Swami Sri Yukteswar, "The Holy Science"*

21. MAI — Visdom

Han er den klokeste som søker Gud. Han er den mest suksessfulle som har funnet Gud.
– *Paramahansa Yogananda, "The Law of Success"*

22. MAI — Visdom

Det er ikke det som pumpes inn utenfra, som gir visdom. Det er kraften og omfanget av din indre mottagelighet som bestemmer hvor meget du kan oppnå av sann kunnskap, og hvor hurtig du kan oppnå den. – *Paramahansa Yogananda i et "Para-gram"*

23. MAI   Visdom

Det er ikke nødvendig å gjennomgå all mulig menneskelig erfaring for å oppnå den endelige visdommen. Du bør være i stand til å lære ved å studere andres liv. Hvorfor bli hjelpeløst involvert i et endeløst panorama av hendelser for å oppdage at intet i denne verden kan noensinne gjøre deg lykkelig?
– *Paramahansa Yogananda, "Man's Eternal Quest"*

24. MAI — Visdom

Dette livet er en mesterroman, skrevet av Gud, og menneskene ville bli gale hvis de forsøkte å forstå det bare ved fornuft. Det er årsaken til at jeg ber dere om å meditere mer. Gjør den magiske koppen av din intuisjon større, og da vil du kunne beholde oseanet av uendelige visdom. – *Paramahansa Yogananda, "Sayings of Paramahansa Yogananda"*

25. MAI — Visdom

Den største tingen du kan gjøre for å utvikle sann visdom, er å praktisere bevisstheten om verden som en drøm. Hvis du mislykkes, si: "Det er en drøm." Kutt så ut tanken på svikt i ditt sinn. Når du er midt oppe i negative forhold, praktiser "motstand" ved å tenke og handle på en positiv, konstruktiv måte.
– *Paramahansa Yogananda, "Man's Eternal Quest"*

26. MAI — Visdom

Når du ser på skapelsen, som synes så solid og virkelig, husk alltid å tenke på den som ideer i Guds sinn, fryst til fysiske former. – *Paramahansa Yogananda, SRFs leksjoner*

27. MAI — Visdom

Din sanne personlighet begynner å utvikle seg når du er i stand til, ved dyp intuisjon, å føle at du er ikke dette solide legemet, men er den guddommelige, evige livsstrøm og bevissthet inni legemet.
– *Paramahansa Yogananda, "Man's Eternal Quest"*

28. MAI   Visdom

Rishiene skrev i en setning dypsindigheter som kommenterende lærde er opptatt med i generasjoner. Endeløs litterær polemikk er for dovne sinn. Er det noen hurtigere frigjørende tanke enn "Gud er" – nei, "Gud?" – *Swami Sri Yukteswar, i "En yogis selvbiografi"*

29. MAI — Visdom

Den som hører disse mine ord og gjør etter dem, han blir lik en klok mann som bygde huset sitt på fjell: Regnet skylte ned, elvene flommet og vindene blåste og slo mot huset, men det falt ikke, for det hadde sin grunnvoll på fjell. – *Jesus Kristus, i Det nye testamentet*

30. MAI — Visdom

Hver dag bør du sitte rolig og bekrefte, med dyp overbevisning: "Ingen fødsel, ingen død har jeg. Far og mor har jeg ikke. Velsignede Ånd, Jeg er Ham. Jeg er den Uendelige Lykke." Hvis du igjen og igjen gjentar disse tankene, dag og natt, vil du til slutt erkjenne hva du i virkeligheten er: en udødelig sjel.
– *Paramahansa Yogananda, "Man's Eternal Quest"*

31. MAI — Visdom

Sorg, sykdom og uhell er naturlige resultater fra overtredelser av Guds lover. Visdom består i å unngå slike krenkelser og å finne fred og lykke inni deg selv gjennom tanker og handlinger som er i harmoni med ditt virkelige selv. Styr ditt sinn klokt ved å dvele ved livets positive aspekter.

Vær ikke tilfreds med dråper av visdom fra knappe jordiske ressurser. Søk heller umåtelig visdom fra Guds alteiende, gavmilde hender. – *Paramahansa Yogananda i et "Para-gram"*

1. JUNI FRED

Konsentrer ditt sinn innvendig mellom øyebrynene (som i meditasjon) om fredens strandløse sjø. Iaktta den evige sirkelen av bølgende fred rundt deg. Jo mer intenst du iakttar, jo mer vil du føle de små bølgene av fred spre seg fra øyebrynene til pannen, fra pannen til hjertet og videre til hver celle i ditt legeme. Nå strømmer bølgene av fred over breddene av ditt legeme og oversvømmer ditt sinns store territorium. Fredens flod strømmer over grensene for ditt sinn og beveger seg videre i uendelige retninger. – *Paramahansa Yogananda, "Metafysiske meditasjoner"*

2. JUNI   FRED

Fred finnes ved å overgi seg til det gode ved hengivenhet. Mennesker som er kjærlige, og som praktiserer stillhet, og som fryder seg over meditasjon og gode gjerninger, er virkelig fredfulle. Fred er Guds alter, tilstanden som lykken eksisterer i. – *Paramahansa Yogananda, SRFs leksjoner*

3. JUNI — FRED

Lev hvert eneste øyeblikk fullstendig, og fremtiden vil ta vare på seg selv. Nyt fullt ut underet og skjønnheten av hvert øyeblikk. Praktiser fredens nærvær. Jo mer du gjør det, jo mer vil du føle nærværet av den kraften i ditt liv. – *Paramahansa Yogananda, SRFs leksjoner*

4. JUNI — FRED

Det fredfulle individet er rolig, inntil det ønsker å arbeide. Da går det til handling. Så snart det er ferdig, svinger det tilbake til roens sentrum. Du må alltid være rolig, lik pendelen som er stille, men klar til å svinge over til handling når det er nødvendig.
— *Paramahansa Yogananda, SRFs leksjoner*

5. JUNI   FRED

Bekreft guddommelig ro og fred, og send ut bare tanker av kjærlighet og godvilje, hvis du ønsker å leve i fred og harmoni. Lev et fromt liv, og alle som krysser din vei, vil bli hjulpet bare ved å være sammen med deg. – *Paramahansa Yogananda, SRFs leksjoner*

6. JUNI — FRED

Å bli kontrollert av sinnsstemninger er å være en del av materien. Hvis ditt sinn fastholder den beslutningen at du aldri skal tape din fred, da kan du oppnå guddommelighet. Behold et hemmelig kammer av stillhet inni deg, hvor du ikke lar sinnsstemninger, prøvelser, kamper eller disharmoni komme inn. Steng ute hat, hevnlyst og begjær. I dette fredskammer vil Gud besøke deg. – *Paramahansa Yogananda, SRFs leksjoner*

7. JUNI — FRED

Når du har fred i hver bevegelse av ditt legeme, fred i din tenkning og i din viljekraft, fred i din kjærlighet, og har Guds fred i dine ambisjoner, husk – da har du knyttet ditt liv til Gud. – *Paramahansa Yogananda, SRFs leksjoner*

8. JUNI — FRED

Vær ærlig overfor deg selv. Verden er ikke ærlig overfor deg. Verden elsker hykleri. Når du er ærlig overfor deg selv, finner du veien til indre fred.
– *Paramahansa Yogananda, foredrag*

9. JUNI — FRED

Når vi blir fylt av gleden ved å gjøre andre lykkelige, ved å gi dem Guds fred, da skal vi vite at Gud uttrykker Seg gjennom oss. – *Paramahansa Yogananda, i et "Para-gram"*

10. JUNI — FRED

Hver gang en sverm av bekymringer invaderer ditt sinn, avslå å bli påvirket. Vent rolig, mens du søker etter et botemiddel. Sprøyt med din freds kraftfulle kjemikalier på bekymringene. – *Paramahansa Yogananda i et "Para-gram"*

11. JUNI — EKSPANSJON

Hvert minutt er en evighet, for evigheten kan bli opplevd i det minuttet. Hver dag, hvert minutt og hver time er et vindu som du kan se evigheten gjennom. Livet er kort. Likevel er det uendelig. Sjelen varer evig, men ut av den korte perioden av dette livet bør du høste så meget du kan av udødelighet. – *Paramahansa Yogananda, SRFs leksjoner*

12. JUNI — EKSPANSJON

Alt er Gud. Dette rommet og universet strømmer lik en film på lerretet av min bevissthet…. Jeg ser på dette rommet og ser intet annet enn ren Ånd, rent Lys, ren Glede…. Bildene av mitt legeme og deres legemer og alle objektene i denne verden er bare stråler av lys, som strømmer ut av det ene hellige Lys. Når jeg ser dette Lyset, ser jeg intet annet noe sted enn ren Ånd. – *Paramahansa Yogananda, tale til disipler ved SRF eremitasjen i Encinitas, California*

13. JUNI   EKSPANSJON

Evigheten åpner seg for meg under, over, til venstre og til høyre, foran og bak, inni meg og utenfor.

Med åpne øyne ser jeg meg selv som det lille legemet. Med lukkede øyne oppfatter jeg meg selv som det kosmiske sentret, og rundt dette dreier evighetens sfære seg, lykksalighetens sfære og sfæren til det allvitende, levende rommet. – *Paramahansa Yogananda, "Metafysiske meditasjoner"*

14. JUNI   **EKSPANSJON**

Så lenge vi er fordypet i legemsbevissthet, er vi som fremmede i et fremmed land. Vårt fedreland er allestedsnærvær. – *Paramahansa Yogananda, "Sayings of Paramahansa Yogananda"*

15. JUNI — EKSPANSJON

Jeg føler Ham gjennomtrenge mitt hjerte som gjennom alle hjerter, gjennom jordens porer, gjennom himmelen, gjennom alle skapte ting. Han er den evige bevegelsen av glede. Han er stillhetens speil som all skapelse blir gjenspeilet i. – *Paramahansa Yogananda, "Metafysiske meditasjoner"*

16. JUNI — Ekspansjon

Lær å se Gud i alle personer, uansett rase eller tro. Du vil vite hva guddommelig kjærlighet er når du begynner å føle din enhet med ethvert menneskelig vesen, ikke før. – *Paramahansa Yogananda, "The Law of Success"*

17. JUNI — Ekspansjon

Åndens Hav er blitt til den lille boblen av min sjel. Enten boblen av mitt liv flyter ved fødselen eller forsvinner i døden, kan den ikke dø i havet av kosmisk bevissthet. Jeg er uforgjengelig bevissthet, beskyttet av udødelighet i Åndens skjød. – *Paramahansa Yogananda, "Metafysiske meditasjoner"*

18. JUNI — Ekspansjon

En dag så jeg en stor sandhaug, som en liten maur kravlet på. Jeg sa: "Mauren må tro at den bestiger Himalaya-fjellene!" Haugen må ha syntes gigantisk for mauren, men ikke for meg. På lignende vis kan en million av våre solår være mindre enn et minutt i Guds sinn. – *Paramahansa Yogananda, "Sayings of Paramahansa Yogananda"*

19. JUNI — Ekspansjon

Vi bør trene oss i å tenke stort: Evighet! Uendelighet! – *Paramahansa Yogananda, "Sayings of Paramahansa Yogananda"*

20. JUNI — Ekspansjon

Jeg stiger opp i bevissthetsplanet over, under, til venstre, til høyre, innvendig og utvendig, overalt, og finner at i hver krok av mitt hjem i universet har jeg alltid vært i min Fars hellige nærvær. – *Paramahansa Yogananda, "Metafysiske meditasjoner"*

21. JUNI — Ekspansjon

Vi må meditere for å oppnå dyp tro. Etter at vi har mottatt den første kontakten med Gud, bør vi så søke å utvikle kontakten til en større og større bevissthet. Det er hva Jesus ba alle om å gjøre. Han ønsket at de skulle motta hans allestedsnærværende bevissthet. Det er hva Paramahansaji lærer. Han bringer oss Gud, og alt han ber om, er at vi tar i mot. — *Rajarsi Janakananda, "Rajarsi Janakananda: A Great Western Yogi"*

22. JUNI — Helbredelse

Ånd, lær oss å helbrede legemet ved å gjenopplade det med Din kosmiske energi, å helbrede sinnet ved konsentrasjon og munterhet og å helbrede sykdommer av sjelsuvitenhet ved den guddommelige medisinen av meditasjon over Deg. – *Paramahansa Yogananda, "Whispers from Eternity"*

23. JUNI — Helbredelse

Absolutt, udiskutabel tro på Gud er den beste metoden til øyeblikkelig helbredelse. En iherdig innsats for å vekke denne troen er menneskets viktigste og mest lønnsomme plikt. – *Paramahansa Yogananda, "Vitenskapelige, helbredende bekreftelser"*

24. JUNI — Helbredelse

Den Uendelige Kilden er en uendelig dynamo, som kontinuerlig skjenker styrke, lykke og kraft til sjelen. Det er årsaken til at det er så viktig å stole så meget du kan på den Uendelige Kilden. – *Paramahansa Yogananda, SRFs leksjoner*

25. JUNI — Helbredelse

Sinnet er hovedfaktoren som styrer legemet. Man bør alltid unngå å antyde for sinnet tanker om menneskelige begrensninger, slik som sykdom, alderdom og død. Sinnet bør heller alltid bli fortalt denne sannheten: "Jeg er det Uendelige som er blitt legemet. Legemet, som er en manifestasjon av Ånden, er den alltid ungdommelige Ånd." – *Paramahansa Yogananda, SRFs leksjoner*

26. JUNI Helbredelse

Adlyd Guds hygieniske lover. Den mentale hygienen med å holde sinnet rent er overordnet fysisk hygiene, men den siste er viktig og bør ikke bli neglisjert. Men lev ikke etter så stive regler at det minste avviket fra dine vante rutiner oppskaker deg. – *Paramahansa Yogananda, "Vitenskapelige, helbredende bekreftelser"*

27. JUNI — Helbredelse

Legemet er en forrædersk venn. Gi det som man bør gi det, ikke mer. Smerte og fornøyelse er forbigående. Hold ut all dualisme med sinnsro, og forsøk samtidig å fjerne deg fra deres makt. Innbilning er døren som både sykdom og helbredelse kommer inn gjennom. Tro ikke på sykdommens virkelighet, selv når du er syk. En besøkende som ikke blir anerkjent, vil flykte.
– *Swami Sri Yukteswar, i "En yogis selvbiografi"*

28. JUNI — Helbredelse

Hårdnakkede mentale eller fysiske sykdommer har alltid en dyp rot i underbevisstheten. Sykdom kan bli leget ved å dra ut dens skjulte røtter. Det er årsaken til at alle bekreftelser fra det bevisste sinnet bør være sterke nok til å gjennomtrenge underbevisstheten, som i sin tur virker automatisk inn på det bevisste sinnet. Sterke, bevisste bekreftelser virker således tilbake på sinn og legeme ved hjelp av underbevisstheten. Enda sterkere bekreftelser når ikke bare underbevisstheten, men også det overbevisste sinnet – det magiske lagerhuset for mirakuløse krefter. – *Paramahansa Yogananda, "Vitenskapelige, helbredende bekreftelser"*

29. JUNI — Helbredelse

"Leger bør fortsette sitt arbeid med å helbrede gjennom Guds lover som gjelder for materien," sa Sri Yukteswar, men han lovpriste den mentale terapis overlegenhet, og gjentok ofte: "Visdom er den beste rengjører." – *Paramahansa Yogananda, "En yogis selvbiografi"*

30. JUNI — Helbredelse

Jeg skal betrakte all sykdom som resultatet av mine overtredelser av sunnhetslover, og jeg skal forsøke å gjøre feilen god igjen ved å spise riktig, ved å spise mindre, ved å faste, ved mer mosjon og ved rett tenkning.
– *Paramahansa Yogananda, "Metafysiske meditasjoner"*

1. JULI — Frihet

Frihet betyr evne til å handle etter sjelens ledelse, ikke etter tvang av begjær og vaner. Å adlyde egoet leder til trelldom. Å adlyde sjelen bringer frigjøring. – *Paramahansa Yogananda, "Sayings of Paramahansa Yogananda"*

2. JULI   Frihet

Før du handler, har du frihet, men etter at du har handlet, vil virkningene av den gjerningen følge deg enten du ønsker det eller ikke. Det er loven om *karma*. Du står helt fritt, men når du utfører en viss gjerning, vil du høste resultatene av den gjerningen.
– *Paramahansa Yogananda, SRFs leksjoner*

3. JULI — Frihet

Menneskets frihet er endelig og øyeblikkelig, hvis det så vil. Det avhenger ikke av ytre, men indre seire. – *Paramahansa Yogananda, "En yogis selvbiografi"*

4. JULI — Frihet

Sri Gyanamatas fødselsdag

Veien til frihet går gjennom tjeneste for andre. Veien til lykke går gjennom meditasjon og å være i harmoni med Gud…. Bryt barrierene av ditt ego. Forkast selviskhet. Befri deg selv fra bevisstheten om legemet. Glem deg selv. Avskaff dette fengselshuset gjennom inkarnasjoner. La ditt hjerte oppgå i alle. Bli ett med hele skapelsen. – *Paramahansa Yogananda, SRFs leksjoner*

5. JULI — Frihet

Du vet ikke hvor heldig du er som er blitt født som et menneskelig vesen. Ved det er du velsignet mer enn noen annen skapning. Dyret er ikke i stand til å meditere eller oppnå forening med Gud. Du har din frihet til å søke Ham, og du bruker den ikke. – *Paramahansa Yogananda, "Man's Eternal Quest"*

6. JULI — Frihet

Sjelen er bundet til legemet ved en lenke av begjær, fristelser, problemer og bekymringer, og den forsøker å befri seg selv. Hvis du holder på å dra i den lenken som binder deg til den dødelige bevisstheten, vil en usynlig, Guddommelig Hånd gripe inn en dag og rive den i stykker, og du vil bli fri. – *Paramahansa Yogananda, "Man's Eternal Quest"*

7. JULI Frihet

Å være i stand til å gjøre hva en ønsker, er ikke den virkelige betydningen av handlingsfrihet. Du bør forstå i hvilken grad du er fri, og hvor meget du blir påvirket av dårlige vaner. Å være god bare fordi det er blitt en vane å være god, er heller ikke frihet. Å bli fristet er ingen synd, men å kunne motstå og overvinne fristelse er storhet. Dette er frihet, for du handler bare av fri vilje og fritt valg. – *Paramahansa Yogananda, SRFs leksjoner*

8. JULI — Frihet

Når et menneske ved skjønn og rett handling "brenner" alle frøene til de onde tendensene som er lagret i sinnet, blir hver mikroskopiske hjernecelle en trone for en strålende konge med visdom, inspirasjon og sunnhet, som synger og lovpriser Guds herlighet for de intelligente legemscellene. Mennesker som har oppnådd denne tilstanden, er virkelig frie. Slike frigjorte vesener blir uberørt av *karma* i fremtidige inkarnasjoner, og reinkarnerer bare for å tørke bort tårene til *karma*-bundne mennesker. Disse frigjorte mestrene er omgitt av usynlig, helbredende lys. Hvor de enn går, sprer de lys av velstand og sunnhet.
— *Paramahansa Yogananda, SRFs leksjoner*

9. JULI — Frihet

Swami Sri Yukteswar sa til Paramahansa Yogananda: "Viljens frihet består ikke i å gjøre ting i samsvar med diktat fra vaner oppstått før eller etter fødselen eller fra mentale luner, men i å handle i samsvar med vår visdom og våre frie valg. Hvis du samstemmer din vilje med min (den visdomsledede viljen til guruen), vil du finne frihet." – *Swami Sri Yukteswar, SRFs leksjoner*

10. JULI — Frihet

Bestem deg for at du ikke må bli påvirket av problemer. Du må ikke være for pirkete. Du må ikke bli et offer for vaner og sinnsstemninger. Du må være fri som en lerke. – *Paramahansa Yogananda,"Self-Realization Magazine"*

11. JULI — Frihet

Du kan ikke bli fri, med mindre du har brent frøene av tidligere gjerninger i visdommens og meditasjonens ild. – *Paramahansa Yogananda, "Self-Realization Magazine"*

12. JULI — Rett holdning

Forstå eller se ikke noe annet enn ditt mål, som alltid lyser foran deg.

De tingene som hender oss, har ingen betydning. Hvordan vi reagerer, har betydning.

Aksepter alt som kommer hver dag til deg fra Gud.

Gi alt tilbake i Hans hender om kvelden. – *Sri Gyanamata, "God Alone: The Life and Letters of a Saint"*

13. JULI — Rett holdning

Unngå en negativ innstilling til livet. Hvorfor se ned på kloakken når det er skjønnhet overalt rundt oss? Man kan finne en feil selv i de største mesterverkene av kunst, musikk og litteratur. Men er det ikke bedre å nyte deres sjarm og herlighet?

Livet har en lys side og en mørk side, for relativitetens verden består av lys og skygger. Hvis du tillater dine tanker å dvele ved ondskap, vil du selv bli stygg. Se bare etter det gode i alt, slik at du absorberer kvaliteten av skjønnhet. – *Paramahansa Yogananda, "Sayings of Paramahansa Yogananda"*

14. JULI   **Rett holdning**

Jeg venter ikke noe fra andre, så deres handlinger kan ikke være i motsetning til mine ønsker.
– *Swami Sri Yukteswar, i "En yogis selvbiografi"*

15. JULI — Rett holdning

Når du blir fortalt at du er god, bør du ikke slappe av, men forsøke å bli enda bedre. Din stadige forbedring gir lykke til deg, til de omkring deg og til Gud.
– *Paramahansa Yogananda, "Sayings of Paramahansa Yogananda"*

16. JULI — Rett holdning

Ikke bry deg om feilene til andre. Bruk visdommens rensende middel til å holde rommene av ditt eget sinn lyse og flekkfrie. Ved ditt eksempel vil andre personer bli inspirert til å gjennomføre sitt eget renhold.
– *Paramahansa Yogananda, "Sayings of Paramahansa Yogananda"*

17. JULI   **Rett holdning**

Lev bare i nuet, ikke i fremtiden. Gjør ditt beste i dag. Ikke tenk på morgendagen. – *Paramahansa Yogananda, "Self-Realization Magazine"*

18. JULI — Rett holdning

Paramahansa Yogananda sa i en minnehyllest til søster Gyanamata: "Jeg har aldri sett eller aldri hørt søster kritisere noen, aldri hørt et grettent ord fra hennes lepper. Alle disiplene, som var så heldig å kjenne henne, fant en ny inspirasjon, og de sa alle: ' Hun er sannelig en helgen.' " – *Paramahansa Yogananda, "God Alone: The Life and Letters of a Saint"*

19. JULI — Rett holdning

Disse tre instruksjonene pluss meditasjon inneholder den eneste livsregelen som en disippel trenger: ikketilknytning, erkjennelse av Gud som Giveren og uforstyrret tålmodighet. Så lenge vi mislykkes i en av disse tre, har vi fremdeles en alvorlig, åndelig defekt å overvinne. – *Sri Gyanamata, "God Alone: The Life and Letters of a Saint"*

20. JULI — Rett holdning

Hvis jeg var i stand til å gi deg den gaven som jeg mest av alle ville like å tilby deg, ville det være den rette holdningen overfor Gud og Guru, overfor livet, overfor ditt arbeid, overfor de andre i din gruppe.

Men de beste gavene kan ikke bli kjøpt og gitt. Sjelens gaver og privilegier må bli ervervet ved tålmodighet og daglig praktisering. Alt vil sikkert bli ditt i sin tid, for hvis du ikke oppnår dem i den posisjon som Gud har kalt deg til, hvor i all verden skal de finnes? – *Sri Gyanamata, "God Alone: The Life and Letters of a Saint"*

21. JULI — Å praktisere Guds nærvær

En gang da jeg mediterte, hørte jeg Hans stemme, som hvisket: "Du sier at Jeg er borte, *men du kommer ikke inn*. Det er årsaken til at du sier Jeg er borte. Jeg er alltid inne. Kom inn, og du vil se meg. Jeg er alltid her, klar til å hilse på deg. – *Paramahansa Yogananda, "Man's Eternal Quest"*

22. JULI — Å praktisere Guds nærvær

Når du mediterer, fordyp hele ditt sinn i Gud. Og når du utfører en plikt, legg hele din sjel inn i den. Men så snart du er ferdig med arbeidet, rett ditt sinn mot Herren. Når du lærer å praktisere Guds nærvær i hvert øyeblikk, som du er fri til å tenke på Ham, da vil du til og med midt i arbeidet kjenne guddommelig forening. – *Paramahansa Yogananda, "Self-Realization Magazine"*

23. JULI — Å praktisere Guds nærvær

Når ditt sinn vandrer i labyrinten av utallige, verdslige tanker, led det tålmodig tilbake for å huske den iboende Herren. I sin tid vil du finne Ham alltid hos deg – en Gud som snakker med deg i ditt eget språk, en Gud hvis ansikt ser på deg fra hver blomst, hver busk og hvert gresstrå. Da skal du si: "Jeg er fri! Jeg er kledd i Åndens slør. Jeg flyr fra jord til himmel med vinger av lys." Hvilken glede vil fylle ditt vesen! – *Paramahansa Yogananda, "Sayings of Paramahansa Yogananda"*

24. JULI — Å praktisere Guds nærvær

Man kan komme nærmere Gud. Ved å snakke om Ham og lytte til Hans ord i skriftene, ved å tenke på Ham, og føle Hans nærvær i meditasjon, vil du se at gradvis blir det uvirkelige virkelig. Denne verden som du tenker er virkelig, vil bli sett på som uvirkelig. Det finnes ingen glede som den erkjennelsen. – *Paramahansa Yogananda, "Man's Eternal Quest"*

25. JULI — Å praktisere Guds nærvær

Mahavatar Babajis minnedag

Mahavatar Bababji har lovet å vokte og lede alle oppriktige *Kriya Yogier* på deres vei mot Målet…. "Når noen ytrer Babajis navn med ærbødighet," sa Lahiri Mahasaya, "tiltrekker den disippelen seg en øyeblikkelig åndelig velsignelse." – *Paramahansa Yogananda, "En yogis selvbiografi"*

26. JULI   Å praktisere Guds nærvær

Skjønt jeg planlegger og gjør ting i verden, er det bare for å behage Herren. Jeg tester meg: Selv når jeg arbeider, hvisker jeg innvendig: "Hvor er Du, Herre?" Og hele verden forandrer seg. Da finnes det intet annet enn et stort Lys, og jeg er en liten boble i dette Lysets osean. Slik er gleden ved å eksistere i Gud.
– *Paramahansa Yogananda, "Man's Eternal Quest"*

27. JULI — Å praktisere Guds nærvær

Hvor lett det er å fylle dagen med tåpeligheter. Hvor vanskelig er det ikke å fylle den med verdifulle virksomheter og tanker! Likevel er ikke Gud så interessert i hva vi gjør som hvor sinnet er. Alle har forskjellige vanskeligheter, men Gud lytter ikke til noen unnskyldninger. Han ønsker at disippelens sinn skal være fordypet i Ham til tross for plagsomme omstendigheter. – *Paramahansa Yogananda, "Man's Eternal Quest"*

28. JULI — Å praktisere Guds nærvær

Be til Ham: "Herre, Du er skapelsens Mester, så jeg kommer til Deg. Jeg vil aldri gi opp før Du snakker til meg og får meg til å erkjenne Ditt nærvær. Jeg vil ikke leve uten Deg." – *Paramahansa Yogananda, "Man's Eternal Quest"*

29. JULI — Å praktisere Guds nærvær

Det finnes ingen unnskyldning for ikke å tenke på Gud. Dag og natt kan du gjenta i bakgrunnen av ditt sinn: Gud! Gud! Gud!.... Om du vasker tallerkener eller graver en grøft eller arbeider på et kontor eller i en hage – hva du enn måtte gjøre – si innvendig: "Herre, åpenbar Deg for meg! Du er akkurat her. Du er i solen. Du er i gresset. Du er i vannet. Du er i dette rommet. Du er i mitt hjerte." – *Paramahansa Yogananda, "Journey to Self-Realization"*

30. JULI — Å praktisere Guds nærvær

Uansett hvilken vei du vender et kompass, peker dets nål mot nord. Slik er det med den sanne yogien. Han kan være fordypet i mange aktiviteter, men hans sinn er alltid rettet mot Herren. Hans hjerte synger konstant: "Min Gud, min Gud, mest elskelig av alt!" – *Paramahansa Yogananda, "Sayings of Paramahansa Yogananda"*

31. JULI — Å praktisere Guds nærvær

Når du ser en vakker solnedgang, tenk for deg selv: "Det er Guds maleri på himmelen." Når du ser inn i ansiktet på hver person du møter, tenk innvendig: "Det er Gud som er blitt til den formen." Anvend denne tenkemåten på alle opplevelser: "Blodet i mitt legeme er Gud. Fornuften i mitt sinn er Gud. Kjærligheten i mitt hjerte er Gud. Alt som eksisterer er Gud." – *Paramahansa Yogananda, SRFs leksjoner*

SPESIELL TANKE FOR JANMASHTAMI

Bhagavan Krishnas fødselsdag

Krishnas fødselsdag blir feiret i samsvar med den indiske månekalenderen. Den faller på den åttende dag av den avtagende månen mellom midten av august og midten av september.

Den som oppfatter Meg overalt, og som ser alt i Meg, taper Meg aldri av syne. Heller ikke taper Jeg ham av syne.

Den yogien blir alltid i Meg, som er forankret i guddommelig enhet uansett sine eksistensforhold, og som erkjenner at Jeg gjennomtrenger alle vesener.

Å Arjuna, den beste yogien er den som føler for andre, enten i sorg eller glede, som han føler for seg selv. – *Bhagavan Krishna i "Bhagavad Gita"*

1. AUGUST — Overgivelse til Gud

Den største av alle plikter er å huske Gud. Det første man skal gjøre om morgenen, er å meditere over Ham, og tenke over hvordan du kan gi ditt liv i Hans tjeneste, slik at du hele dagen lang vil bli fylt med Hans glede. – *Paramahansa Yogananda, "Self-Realization Magazine"*

2. AUGUST — Overgivelse til Gud

Det er ingen annen måte å finne Guds kjærlighet på enn å overgi seg til Ham. Mestre ditt sinn, slik at du kan tilby det til Ham. – *Paramahansa Yogananda, "The Divine Romance"*

3. AUGUST — Overgivelse til Gud

Kjære Far, uansett hvilke forhold jeg enn står overfor, vet jeg at de representerer det neste trinnet i min utvikling. Jeg vil ønske velkommen alle prøvelser, fordi jeg vet at inni meg har jeg intelligens til å forstå og kraft til å overvinne. – *Paramahansa Yogananda, "Metafysiske meditasjoner"*

4. AUGUST — Overgivelse til Gud

Min guru, Sri Yukteswarji (sa): "Ikke forvent noe ved å kjenne Gud. Bare kast deg med din tro inn i Hans lykksalige nærvær inni deg."....Den hengivne vil til slutt finne Ham, hvis han forblir beskyttet av Herren ved å tenke på Ham under alle, gode aktiviteter og ved fullt ut å overgi til Ham resultatet av alle gjerninger og alle hendelser i livet sitt. – *Paramahansa Yogananda, "God Talks With Arjuna: The Bhagavad Gita"*

5. AUGUST — Overgivelse til Gud

Jeg er Din, Å Herre! Jeg vil gjøre meg verdig til Din godkjennelse.

Jeg vil ikke gi en offergave til Herren, min Gud, av det som ikke koster meg noe. Jeg vil legge meg selv med alle mine fordommer og småligheter, med alt som legemet har kjært, på det brennende bålet.

Jeg vil daglig løfte mitt hjerte til Mahavatar Babaji, Lahiri Mahasaya, Swami Sri Yukteswarji og min Guru, Paramahansa Yoganandaji, og be om deres mange juvelsmykkede gaver av selverkjennelse.

I nattens stillhet, fra mitt hjertes dyp, vil jeg rope: "Tal, Herre, for Din tjener hører."

Når kallet til en ubehagelig plikt lyder, vil jeg svare: "Her er jeg, Herre, send meg." – *Sri Gyanamata, "God Alone: The Life and Letters of a Saint"*

6. AUGUST — Overgivelse til Gud

"Må alle mine viljeshandlinger bli fylt av Din guddommelige vitalitet. Utsmykk med Din nåde alle mine begreper, hvert uttrykk, hver ambisjon. Å guddommelige Skulptør, meisle ut mitt liv etter Ditt mønster!" – *Paramahansa Yogananda, "Whispers from Eternity"*

7. AUGUST — Overgivelse til Gud

Herren kjenner forløpet av våre tanker. Han åpenbarer Seg ikke for oss, før vi har overgitt vårt siste verdslige ønske til Ham, før hver av oss sier: "Far, led og ei meg." – *Paramahansa Yogananda, "Sayings of Paramahansa Yogananda"*

8. AUGUST — Overgivelse til Gud

Når noen forteller meg hvor meget han har arbeidet for Gud, ser jeg den dårlige kvaliteten av hans ånd. De som arbeider for Herren på den rette måten, tenker aldri på hvor meget de gjør for Ham. De tenker heller bare på hvor meget Han gjør for dem – Han gir dem et legeme, som de kan yte tjeneste gjennom til andre, et sinn til å tenke på Ham og Hans undre, og et hjerte til å elske Ham som sin Far, Skaper og eneste Velgjører. – *Paramahansa Yogananda, "Self-Realization Magazine"*

9. AUGUST — Overgivelse til Gud

Uansett hvor hardt du arbeider, gå aldri til sengs uten å gi Gud den dypeste oppmerksomheten. Du vil ikke dø, men dø for Gud hvis det er nødvendig. – *Paramahansa Yogananda, foredrag*

10. AUGUST
Overgivelse til Gud

"Herre, mine hender og føtter arbeider for Deg. Du har gitt meg en viss rolle å spille i denne verden, og alt jeg gjør i denne verden, er for Deg." Overgi deg til Gud, og du vil finne at ditt liv vil bli som en vakker melodi. Hvis du forsøker å gjøre alt i Guds bevissthet, vil du med glede se at Han hver dag velger visse plikter for deg å utføre. – *Paramahansa Yogananda, foredrag*

11. AUGUST — Renselse

Kriya Yoga er den virkelige "ildseremoni," som ofte er lovprist i *Gita*. Yogien kaster sine menneskelige lengsler inn i et stort, monoteistisk bål, som er helliget den uforlignelige Gud.... Alle tidligere og nåværende begjær er brensel som blir fortært av guddommelig kjærlighet. Den store flammen mottar offeret av all menneskelig dårskap, og mennesket er lutret for all urenhet. Etter at dets metaforiske knokler er befridd for alt ubesværlig "kjød", og dets karmiske skjelett er bleket av visdommens antiseptiske soler, er det endelig rent og uten skyld overfor menneske og Skaper. – *Paramahansa Yogananda, "En yogis selvbiografi"*

12. AUGUST — Renselse

Guds vilje strømmer til disippelen gjennom Guruen til enhver tid. Hvis vi aksepterer vår disiplin i den rette ånd, vil den styrke vår karakter mer enn noe annet. – *Sri Gyanamata, "God Alone: The Life and Letters of a Saint"*

13. AUGUST — Renselse

Forsak slaveriet under legemets begjær. Inntil du har etablert ditt åndelige mesterskap over legemet, er legemet din fiende. Husk alltid det! Ha intet annet begjær enn å spre Hans navn og å tenke på og synge om Ham hele tiden. Hvilken glede! Kan penger gi oss denne gleden? Nei! Den kommer bare fra Gud.
– *Paramahansa Yogananda,"The Divine Romance"*

14. AUGUST — Renselse

Mitt sinns kongedømme er tilsmusset av uvitenhet. Ved flidens jevne regn av selvdisiplin kan jeg fjerne de gamle restene av illusjon fra mine byer av åndelig likegyldighet. – *Paramahansa Yogananda, "Whispers from Eternity"*

15. AUGUST   Renselse

> Du kan ikke smi stål før du har gjort jernet hvitglødende i ilden. Livets vanskeligheter er ikke ment å skade oss. Problemer og sykdom er en lekse for oss. Våre smertelige opplevelser er ikke ment å ødelegge oss, men å brenne ut vårt slagg for å få oss til å skynde oss Hjem igjen. Ingen er mer ivrig etter vår frigjøring enn Gud. – *Paramahansa Yogananda, "Man's Eternal Quest"*

16. AUGUST — Renselse

Den strebende yogien både i Vesten og i Østen må disiplinere seg.... Han bør avstå fra å gjøre for mye oppstyr omkring legemet. Hvis han ser at han finner tid til alt annet enn å søke Gud, bør han ta i bruk pisken av disiplin på seg selv. Hvorfor være redd? Det er alt å vinne. Hvis ikke et menneske selv vil gråte og kjempe for å oppnå sin egen frelse, vil noen annen gjøre det for ham? – *Paramahansa Yogananda, "Man's Eternal Quest"*

17. AUGUST — Renselse

Når vi gjør noe godt, må vi lide noen ganger. For å finne Herren må vi være villige til å lide. Hva betyr det å tåle legemets ubehag og sinnets disiplin mot å oppnå Åndens evige lindring? Kristi glede i Gud var så stor at han var villig til å oppgi legemet for Ham. Hensikten med livet er å oppnå denne enorme lykken – å finne Gud. – *Paramahansa Yogananda, "Man's Eternal Quest"*

18. AUGUST — Renselse

Jeg har kommet til at åndelig fremskritt måles ikke bare ved lyset som omgir en når man mediterer, eller ved de visjonene man har av helgener, men ved det man er i stand til å tåle i dagens harde, kalde lys. Kristi storhet var ikke bare at han kunne gå inn i meditasjon og herlig erkjenne sin enhet med Faderen, hans absolutte identitet, men også at han kunne *holde ut*. – Sri Gyanamata, *"God Alone: The Life and Letters of a Saint"*

19. AUGUST — Renselse

Yoga er eksakt og vitenskapelig. Yoga betyr forening av sjel og Gud ved trinnvise metoder med spesielle og kjente resultater. Den hever praktiseringen av religion over meningsforskjell i dogmer. Min guru, Sri Yukteswar, lovpriste Yoga. Han antydet imidlertid ikke at erkjennelsen av Gud derved ville bli øyeblikkelig. "Du må arbeide hardt for den," fortalte han meg. Jeg gjorde det, og da de lovede resultatene kom, så jeg at Yoga var vidunderlig. – *Paramahansa Yogananda, "Man's Eternal Quest"*

20. AUGUST — Meditasjon

Ved meditasjon forbinder vi sjelens lille glede med Åndens store glede. Meditasjon bør ikke bli forvekslet med ordinær konsentrasjon. Konsentrasjon består i å befri oppmerksomheten fra å bli distrahert og i å rette den mot en hvilken som helst tanke som man måtte være interessert i. Meditasjon er den spesielle konsentrasjonsformen hvor oppmerksomheten er blitt frigjort fra rastløshet og blir rettet mot Gud. Meditasjon er derfor konsentrasjon brukt til å lære Gud å kjenne. – *Paramahansa Yogananda, SRFs leksjoner*

21. AUGUST — Meditasjon

Husk at jo lenger du praktiserer meditasjon med intensitet, jo nærmere vil du ha en glad kontakt med den tause Gud. Intensitet består i å gjøre hver meditasjon i dag dypere enn gårsdagens og hver meditasjon i morgen dypere enn dagens. – *Paramahansa Yogananda, SRFs leksjoner*

22. AUGUST — Meditasjon

Si ikke: "I morgen vil jeg meditere lenger." Du vil plutselig oppdage at et år har gått uten at dine gode hensikter er oppfylt. Si i stedet:

"Dette kan vente, og det kan vente, men min søken etter Gud kan ikke vente." – *Paramahansa Yogananda, "Sayings of Paramahansa Yogananda"*

23. AUGUST — Meditasjon

Den mest ødeleggende spire av *maya*-illusjon er uvillighet til å meditere, for ved den holdningen hindrer man seg selv fra å komme i harmoni med Gud og Guru. – *Paramahansa Yogananda, "Rajarsi Janakananda: A Great Western Yogi"*

24. AUGUST — Meditasjon

De første tingene må komme først. Når du våkner om morgenen, mediter. Hvis du ikke gjør det, vil hele verden trenge seg på for å kreve deg, og du vil glemme Gud. Mediter om kvelden, før søvnen krever deg. Jeg er selv så sterkt etablert i vanen med å meditere at til og med etter at jeg har lagt meg ned for å sove om natten, mediterer jeg. Jeg kan ikke sove på vanlig måte. Vanen med å være hos Gud kommer først. – *Paramahansa Yogananda, "Man's Eternal Quest"*

25. AUGUST — Meditasjon

Når du søker Gud, gjør selv en kort meditasjon så intens at det vil synes som om du har tilbrakt timer med Ham. – *Paramahansa Yogananda, "Self-Realization Magazine"*

26. AUGUST — Meditasjon

Jo mer du mediterer, jo mer kan du være til hjelp for andre, og jo dypere vil du komme i harmoni med Gud. Egoistiske mennesker forblir åndelig snesynte, men de uselviske utvider sin bevissthet. Når du finner ditt allestedsnærvær i meditasjon, vil du finne Gud. Hvis Han er fornøyd med deg, vil hele naturen arbeide i harmoni med deg. Lær å tale til Ham med hele din sjel. – *Paramahansa Yogananda, SRFs leksjoner*

27. AUGUST — Meditasjon

Hvorfor skulle Gud overgi Seg lett til deg? Du som arbeider så hardt for penger og så lite for guddommelig erkjennelse! Hindu-helgenene forteller oss at hvis vi hengivent ville gi så kort tid som 24 timer til kontinuerlig, uavbrutt bønn, ville Herren komme til syne for oss eller gjøre Seg kjent for oss på en eller annen måte. Hvis vi helliger oss endog en time daglig til dyp meditasjon over Ham, vil Han i sin tid komme til oss. – *Paramahansa Yogananda, "Sayings of Paramahansa Yogananda"*

28. AUGUST — Meditasjon

Uansett hva som hender med ditt legeme, mediter. Legg deg aldri til å sove om kvelden, før du har tatt kontakt med Gud. Ditt legeme vil minne deg om at du har arbeidet hardt og trenger hvile. Men jo mer du overser dets krav og konsentrerer deg om Herren, jo mer vil du lyse av et gledesstrålende liv, lik en klode i brann. Da vil du vite at du ikke er legemet.
– *Paramahansa Yogananda,"Man's Eternal Quest"*

29. AUGUST — Meditasjon

Klag ikke om du ikke ser lys eller bilder under meditasjon. Gå dypt inn i erkjennelsen av lykksalighet. Der vil du finne Guds virkelige nærvær. Søk ikke en del, men det Hele. – *Paramahansa Yogananda, "Sayings of Paramahansa Yogananda"*

30. AUGUST — Meditasjon

Jo mer søtstoff du blander i vann, jo søtere blir det. Likeledes, jo lenger du mediterer intenst, jo større vil ditt åndelige fremskritt bli. – *Paramahansa Yogananda, SRFs leksjoner*

31. AUGUST — Meditasjon

Hvilken glede som venter deg når du oppdager stillheten bak ditt sinns porter, kan ingen menneskelig tunge berette om. Men du må overbevise deg selv. Du må meditere og skape det miljøet. – *Paramahansa Yogananda, SRFs leksjoner*

1. SEPTEMBER — Innsats

Alt vil forbedre seg i fremtiden, hvis du gjør en åndelig innsats nå. – *Swami Sri Yukteswar, "En yogis selvbiografi"*

2. SEPTEMBER — Innsats

Å praktisere Yoga er halve slaget. Selv om du ikke føler deg entusiastisk i begynnelsen, vil du, hvis du fortsetter å praktisere, komme til å føle den umåtelige lengselen etter Gud, som er nødvendig hvis du skal finne Ham.

Hvorfor gjør du ikke denne innsatsen? Hvorfra dukker alle de vakre tingene i skapelsen opp? Hvor kommer intelligensen til store sjeler fra, om ikke fra lageret til den Uendelige Ånd? Hvis ikke disse undrene, som du ser rundt deg, er nok til å påvirke deg til å søke Ham, hvorfor skulle Han åpenbare Seg for deg? Han har gitt deg egenskapen til å elske, slik at du kan lengte etter Ham fremfor alt annet. Ikke misbruk din kjærlighet og fornuft. Ikke misbruk din konsentrasjon og intelligens på falske mål. – *Paramahansa Yogananda, "Man's Eternal Quest"*

3. SEPTEMBER — Innsats

Ofte fortsetter vi å lide uten å anstrenge oss for å gjøre en forandring. Det er årsaken til at vi ikke finner varig fred og tilfredshet. Hvis vi holder ut, ville vi sikkert kunne overvinne alle vanskeligheter. Vi må gjøre en innsats, slik at vi kan gå fra elendighet til lykke, fra håpløshet til mot. – *Paramahansa Yogananda, "Man's Eternal Quest"*

4. SEPTEMBER — Innsats

Å overtale Gud til å gi Seg Selv, innebærer en stadig, uopphørlig entusiasme. Ingen kan lære deg denne entusiasmen. Du må utvikle den selv. "Du kan ta en hest til vannet, men du kan ikke få den til å drikke." Når hesten er tørst, søker den vannet med iver. Så, når du er umåtelig tørst etter det guddommelige, og når du ikke betrakter noe annet som viktigere – verdens tester eller legemets lyster – da vil Han komme. – *Paramahansa Yogananda, "How You Can Talk With God"*

5. SEPTEMBER — Innsats

De som ikke tar tid til sin religion, kan ikke forvente å vite alt med en gang om Gud og det hinsidige. Vanligvis gjør ikke folk den innsatsen, eller hvis de gjør det, er ikke innsatsen sterk og oppriktig nok. Nattetid bør bli tilbrakt med Gud. Du sover mer enn nødvendig, og kaster dermed bort mange verdifulle timer. Det var meningen at natten skulle skjule all tiltrekning fra verden, slik at du mer intenst kunne utforske Guds kongedømme. – *Paramahansa Yogananda, "Man's Eternal Quest"*

6. SEPTEMBER — Innsats

Alle sjeler er like. Den eneste forskjellen mellom deg og meg er at jeg gjorde en innsats. Jeg viste Gud at jeg elsket Ham, og Han kom til meg. Kjærlighet er magneten som Gud ikke kan unnslippe fra.
– *Paramahansa Yogananda, "Sayings of Paramahansa Yogananda"*

7. SEPTEMBER — Innsats

Jeg tror alltid at hvis jeg forsøker litt hardere, kan jeg oppnå de betingelsene som synes like utenfor min rekkevidde. Husk at ingen, ikke en gang en mester, kan gjøre *alt* for deg. Du må gjøre mye selv. – *Sri Gyanamata,"God Alone: The Life and Letters of a Saint"*

8. SEPTEMBER — Innsats

Husk at hvis du ikke finner Gud, er innsatsen ikke sterk nok i din meditasjon. Skulle du ikke finne perlen ved en eller to dykkinger, legg ikke skylden på havet. Legg skylden på din dykking. Du går ikke dypt nok. Hvis du dykker virkelig dypt, vil du finne perlen av Hans nærvær. – *Paramahansa Yogananda, "Man's Eternal Quest"*

9. SEPTEMBER — Innsats

Du bør øke styrken av ditt legeme og så øke styrken av ditt sinn. Den beste måten å øke mental kraft på er å forsøke å fullføre noe verdifullt hver dag. Velg et eller annet bra arbeid eller prosjekt som du er blitt fortalt at du ikke kunne gjøre, og forsøk å gjøre det. Strev hver dag for å fullføre noe som du alltid har trodd at du ikke kunne gjennomføre. – *Paramahansa Yogananda, SRFs leksjoner*

10. SEPTEMBER — Innsats

Du bør gjøre en større innsats. Glem fortiden, og stol mer på Gud. Vår skjebne er ikke forutbestemt av Ham. Heller ikke er *karma* den eneste faktoren, selv om vårt liv blir influert av våre tidligere tanker og tidligere aktiviteter. Hvis du ikke er lykkelig med hvordan livet utvikler seg, forandre mønsteret. Jeg liker ikke å høre folk sukke og henføre nåværende uhell til tidligere livs feil. Å gjøre det, er åndelig dovenskap. Vær engasjert, og rydd opp i ditt livs hage.
– *Paramahansa Yogananda, "Sayings of Paramahansa Yogananda"*

11. SEPTEMBER

Innsats

Alle de opplevelsene jeg har fortalt deg om, er vitenskapelig oppnåelig. Hvis du følger de åndelige lovene, er resultatet sikkert. Hvis resultatet ikke kommer, finn feil ved din innsats. Intensitet i alle dine religiøse øvelser er den eneste veien. De som ikke mediterer regelmessig og dypt, er meget rastløse når de mediterer, og gir opp etter en kort innsats. Men hvis du gjør en større innsats dag etter dag, vil evnen komme til å kunne gå dypt. Jeg må ikke gjøre noen anstrengelse nå. Hele verden er borte øyeblikkelig når jeg lukker øynene mine og ser inn i Kristussenteret (det åndelige øyet, i pannen mellom øyebrynene).
– *Paramahansa Yogananda, "Man's Eternal Quest"*

12. SEPTEMBER — Rett aktivitet

Hvis ditt sinn er helt opptatt med dine aktiviteter, kan du ikke være bevissthet om Herren. Men hvis du er rolig og mottakelig for Ham innad, mens du er aktiv utad, er du aktiv på rett måte. – *Paramahansa Yogananda i et "Para-gram"*

13. SEPTEMBER   Rett aktivitet

Du alene er ansvarlig for deg selv. Ingen annen kan svare for dine gjerninger når det endelige oppgjøret kommer. Ditt arbeid i verden – i den kretsen hvor din *karma*, din egen tidligere aktivitet, har plassert deg – kan bare bli utført av en person: deg selv. Og ditt arbeid kan bare bli kalt en "suksess," dersom det tjener dine medmennesker på en eller annen måte. – *Paramahansa Yogananda, "The Law of Success"*

14. SEPTEMBER — Rett aktivitet

Før du gir deg i kast med viktige tiltak, sitt rolig, ro ned dine sanser og tanker, og mediter dypt. Du vil da bli ledet av Åndens store, skapende kraft.
– *Paramahansa Yogananda, "The Law of Success"*

15. SEPTEMBER Rett aktivitet

Utfør alltid både små og viktige plikter med dyp oppmerksomhet. Husk at Gud leder og stimulerer enhver fortjenestefull innsats som du gjør for å oppnå en edel ambisjon. – *Paramahansa Yogananda, SRFs leksjoner*

16. SEPTEMBER — Rett aktivitet

Jeg påtar meg mer og mer arbeid, men jeg føler aldri at jeg er overbelastet, fordi jeg gjør alt for Gud. – *Paramahansa Yogananda, "Man's Eternal Quest"*

17. SEPTEMBER — Rett aktivitet

Du kom til jorden for å fullføre en guddommelig misjon (å bli gjenforent med Gud). Erkjenn hvor umåtelig viktig dette er! Tillat ikke det sneversynte ego å hindre at du oppnår et uendelig mål.
– *Paramahansa Yogananda, "Sayings of Paramahansa Yogananda"*

18. SEPTEMBER — Rett aktivitet

Hvis vi har fred i vårt indre, kan vi harmonisk fortsette våre plikter, selv i forretningslivet. Vi kan utføre beundringsverdige ting i verden uten nødvendigvis å komme i konflikt med andre. Etter at dagens arbeid er over, kan vi innvendig trekke oss tilbake for å være sammen med Gud igjen. Til og med i forretningsverdenen kan vi til slutt utføre alle våre plikter med den fulle bevisstheten om Guds nærvær. Hvis vi er rolige og fredfulle, uansett hva som måtte komme – suksess eller tilsynelatende fiasko – blir vi sinnslikevektige og føler den vissheten om at Hans vilje blir gjort. – *Rajarsi Janakananda: "A Great Western Yogi"*

19. SEPTEMBER — Rett aktivitet

Ditt nye arbeid bør være ditt eneste anliggende nå. Føl ikke tilknytning til det gamle. Aksepter forandringer med sinnslikevekt, og utfør med en ånd av guddommelig frihet de pliktene som måtte komme i din vei.

Hvis Gud skulle si til meg i dag: "Kom hjem!", ville jeg uten å se meg tilbake forlate alle mine forpliktelser her – organisasjon, bygninger, planer, mennesker – og skynde meg for å adlyde Ham. Å styre verden er Hans ansvar. Han er Skaperen, ikke du eller jeg. – *Paramahansa Yogananda, "Sayings of Paramahansa Yogananda"*

20. SEPTEMBER   Rett aktivitet

Mediter først, og føl det guddommelige Nærværet. Gjør så ditt arbeid fylt med Guds bevissthet. Hvis du gjør dette, vil du aldri bli trett. Hvis du arbeider for din Guddommelige Elskede, vil ditt liv bli fylt med kjærlighet og styrke. – *Paramahansa Yogananda, SRFs leksjoner*

21. SEPTEMBER — Rett aktivitet

Vi vil komme tilbake til dette livets scene om og om igjen, inntil vi blir så gode skuespillere at vi kan spille vår rolle fullkomment i samsvar med den Guddommelige Viljen. Da vil Regissøren si: "Du trenger ikke å gå ut mer (Åp. 3, 12). Du har gjort Min Vilje. Du har spilt din rolle, og spilt godt. Du har ikke mistet motet. Du har kommet tilbake til Meg, for å være en udødelig "søyle" i tempelet av Min Evige Eksistens." – *Paramahansa Yogananda, "Man's Eternal Quest"*

22. SEPTEMBER — Fullkommenhet

Du straffer sjelen ved å holde den nedgravd. Den har slumret i materien, liv etter liv, skremt av mareritt om lidelse og død. Erkjenn at du er sjelen. Husk at Følelsen bak din følelse, Viljen bak din vilje, Kraften bak din kraft, Visdommen bak din visdom er den Uendelige Herren. Foren hjertets følelse og sinnets fornuft til en fullkommen balanse. Kast vekk identifikasjonen med jordiske titler, og dykk ned i dyp meditasjon for å erkjenne din rang som guddommelig konge om og om igjen i roens slott. – *Paramahansa Yogananda, "Man's Eternal Quest"*

23. SEPTEMBER — Fullkommenhet

Ikke kast bort tiden med å søke små ting. Naturligvis er det lettere å få andre gaver fra Gud enn den høyeste gaven av Ham Selv. Men ikke vær tilfreds med noe mindre enn det høyeste. – *Paramahansa Yogananda, "How You Can Talk With God"*

24. SEPTEMBER — Fullkommenhet

Om andre kaster bort sin tid, vær du oppslukt i Gud. Du vil gå fremover. La ditt eksempel forandre andres liv. Reformer deg selv, og du vil reformere tusener. – *Paramahansa Yogananda i, "Rajarsi Janakananda: A Great Western Yogi"*

25. SEPTEMBER — Fullkommenhet

Ved bruk av *Kriya*-nøkkelen vil personer, som ikke kan få seg til å tro på noe menneskes guddommelighet, til slutt se den fulle guddommelighet av deres egne selv. – *Paramahansa Yogananda, "En yogis selvbiografi"*

26. SEPTEMBER — Fullkommenhet

Lahiri Mahasayas Mahasamadhi

En dag etter at Lahiri Mahasayas legeme var blitt kremert, viste den gjenoppståtte mesteren seg klokken ti om morgenen i et virkelig, men forvandlet legeme for tre disipler, og alle var i forskjellige byer.

"For dette forgjengelige må bli kledd i uforgjengelighet, og dette dødelige må bli kledd i udødelighet. Og når det skjer, og dette forgjengelige og dødelige er blitt kledd i uforgjengelighet og udødelighet, da oppfylles det som står skrevet: Døden er oppslukt, seieren vunnet! Død, hvor er din brodd? Død, hvor er din seier? (Kor 15, 53-55)." – *Paramahansa Yogananda, "En yogis selvbiografi"*

27. SEPTEMBER — Fullkommenhet

En måne fordriver himmelens mørke. Slik er en sjel som er trenet til å kjenne Gud, en sjel hvor det finnes sann hengivenhet og oppriktig søken og intensitet. Hvor han enn går, vil han fordrive andres åndelige mørke. – *Paramahansa Yogananda, "Man's Eternal Quest"*

28. SEPTEMBER — Fullkommenhet

Du bør overføre din oppmerksomhet fra fiasko til suksess, fra bekymring til ro, fra mentale vandringer til konsentrasjon, fra rastløshet til fred og fra fred til den guddommelige lykksalighet inni deg. Når du oppnår denne tilstanden av selverkjennelse, vil hensikten med ditt liv ha blitt strålende oppfylt.
– *Paramahansa Yogananda, "The Law of Success"*

29. SEPTEMBER — Fullkommenhet

Mediter uopphørlig, slik at du hurtig ser deg selv som det Uendelige Vesen, fri fra enhver form for elendighet. Slutt å være en fange av legemet. Lær å unnslippe til Ånden ved å bruke den hemmelige *Kriya*-nøkkelen. – *Lahiri Mahasaya i, "En yogis selvbiografi"*

30. SEPTEMBER — Fullkommenhet

Lahiri Mahasayas fødselsdag

Jeg er alltid med dem som praktiserer *Kriya*. Jeg vil lede deg til det Kosmiske Hjemmet gjennom din stadig utvidende, åndelige erkjennelse. – *Lahiri Mahasaya i, "En yogis selvbiografi"*

1. OKTOBER — Balanse

Mahavatar Babaji sa til Lahiri Mahasaya: "De millioner som er bundet av familiebånd og tunge, verdslige plikter, vil få nytt mot fra deg, en familieforsørger lik dem selv.... Et fint, nytt pust av guddommelig håp vil gjennomtrenge de verdslige menneskenes tørre hjerter. Fra ditt balanserte liv vil de forstå at frigjøring avhenger mer av indre enn av ytre forsakelse." – *Mahavatar Babaji, "En yogis selvbiografi"*

2. OKTOBER — Balanse

Ikke gjennom et planløst liv, men gjennom et alminnelig og balansert liv vil du motta mestrenes velsignelser. Da vil det onde aldri bruke deg som et instrument. – *Paramahansa Yogananda, i en tale til disipler*

3. OKTOBER — Balanse

Når du arbeider for Gud og ikke deg selv, er det akkurat like bra som meditasjon. Da hjelper arbeidet din meditasjon, og meditasjonen hjelper ditt arbeid. Du trenger balansen. Med bare meditasjon vil du bli doven. Med bare aktivitet blir sinnet verdslig, og du glemmer Gud. – *Paramahansa Yogananda, "Sayings of Paramahansa Yogananda"*

4. OKTOBER — Balanse

Gjør ikke uviktige ting viktige, eller konsentrer deg ikke om bagateller på bekostning av vesentlige saker, ellers vil du hindre ditt fremskritt. Impulsive handlinger, som ikke stemmer overens med ens virkelige plikter, er uønsket. – *Paramahansa Yogananda i et "Para-gram"*

5. OKTOBER — Balanse

Om du lider i dette livet eller smiler på grunn av velstand og styrke, bør din bevissthet være uforandret. Hvis du kan bevare sinnslikevekt, kan ingen ting noensinne skade deg. Alle de store mestrenes liv viser at de har oppnådd denne velsignede tilstanden.
– *Paramahansa Yogananda, "Man's Eternal Quest"*

6. OKTOBER — Balanse

Jeg vil være rolig i aktivitet, og aktivt rolig. Jeg vil ikke bli doven og stivne mentalt. Heller ikke vil jeg være overaktiv, i stand til å tjene penger, men ikke i stand til å nyte livet. Jeg vil meditere regelmessig for å opprettholde sann balanse. – *Paramahansa Yogananda, "Metafysiske meditasjoner"*

7. OKTOBER — Balanse

Det materielle og det åndelige er bare to deler av ett univers og en sannhet. Ved å overbetone den ene eller den andre delen mislykkes mennesket i å oppnå den nødvendige balansen for harmonisk utvikling.... Praktiser kunsten å leve i denne verden uten å miste din indre sinnsro. Følg den balanserte veien for å nå den indre, vidunderlige hagen av selverkjennelse.
– *Paramahansa Yogananda i et "Para-gram"*

8. OKTOBER — Balanse

Ikke bland forståelse sammen med et større ordforråd. De hellige skriftene er gagnlige ved at de stimulerer ønsket om indre erkjennelse, hvis en setning ad gangen blir fordøyet langsomt. Ellers kan fortsatt intellektuelt studium resultere i forfengelighet, falsk tilfredsstillelse og ufordøyd kunnskap. – *Swami Sri Yukteswar, "En yogis selvbiografi"*

9. OKTOBER — Balanse

Skjønt du må bli i verden, vær ikke av verden. Virkelige yogier kan snakke med folk og ha omgang med dem, mens deres sinn hele tiden er oppslukt av Gud. – *Paramahansa Yogananda, SRFs leksjoner*

10. OKTOBER — Balanse

Millioner av mennesker lever et ensidig liv og sovner inn i ufullkommenhet. Gud har gitt hver av oss en sjel, et sinn og et legeme, som vi bør forsøke å utvikle likt. Hvis du har levd et liv som er dominert av verdslig innflytelse, la ikke verden pålegge deg sine illusjoner lenger. Du bør kontrollere ditt eget liv heretter. Du bør bli regenten for ditt eget, mentale kongedømme. Frykt, bekymringer, misnøye og ulykkelighet kommer alle fra et liv som ikke er kontrollert av visdom. – *Paramahansa Yogananda, SRFs leksjoner*

11. OKTOBER

Se frykten med åpne øyne, og den vil slutte å plage deg. – *Swami Sri Yukteswar, "En yogis selvbiografi"*

12. OKTOBER — Mot

Jeg vet nå at jeg er en løve med kosmisk kraft. Idet jeg ikke breker mer, ryster jeg skogen av villfarelse med gjenklang av Din allmektige røst. I guddommelig frihet bykser jeg gjennom jungelen av jordiske illusjoner, og sluker de små vesenene av plagsomme bekymringer og fryktsomhet og de ville hyenene av mistro.

Å Frihetens Løve, send alltid gjennom meg Ditt brøl av altovervinnende mot. – *Paramahansa Yogananda, "Whispers from Eternity"*

13. OKTOBER — Mot

Lær meg å være seig og forsiktig modig i stedet for ofte å bli redd. Jeg vil ikke frykte noe, unntatt meg selv når jeg forsøker å bedra min samvittighet.
– *Paramahansa Yogananda, "Metafysiske meditasjoner"*

14. OKTOBER — Mot

I utdannelsen blir det ikke lagt nok vekt på at mot er nødvendig som karaktheregenskap. Vi må lære å *holde ut*. Den eneste måten å lære det på, er å holde ut. I motet ser man den glimrende triumfering av sjelen over legemet. – *Sri Gyanamata, "God Alone: The Life and Letters of a Saint"*

15. OKTOBER — Mot

Ta ikke livets opplevelser for alvorlig. La dem fremfor alt ikke skade deg, for i virkeligheten er de intet annet enn drømmeopplevelser.... Hvis omstendighetene er dårlige, og du må tåle dem, gjør dem ikke til en del av deg selv. Spill din rolle i livet, men glem aldri at det bare er en rolle. Hva du taper i verden, vil ikke være et tap for din sjel. Stol på Gud, og ødelegg frykten, som lammer alle anstrengelser for å lykkes, og som tiltrekker nettopp de ting du frykter.
– *Paramahansa Yogananda i et "Para-gram"*

16. OKTOBER — Mot

Jeg ler av all frykt, for min Far, Mor, elskede Gud, er oppmerksomt våkne og til stede overalt med den bevisste hensikten å beskytte meg for ondskapens fristelser. – *Paramahansa Yogananda, "Metafysiske meditasjoner"*

17. OKTOBER   Mot

Fryktløshet betyr tro på Gud: Tro på Hans beskyttelse, Hans rettferdighet, Hans visdom, Hans barmhjertighet, Hans kjærlighet og Hans allestedsnærvær…. For å bli skikket til selverkjennelse må et menneske være fryktløs. – *Paramahansa Yogananda, "God Talks With Arjuna: The Bhagavad Gita"*

18. OKTOBER — Mot

Den kloke disippelen bør heller være forsiktig enn redd. Han bør utvikle en modig ånd, uten overilt å utsette seg for omstendigheter som kan vekke frykt. – *Paramahansa Yogananda, "Self-Realization Magazine"*

19. OKTOBER — Mot

Jeg har blødd for Ditt Navn, og for Ditt Navns skyld er jeg alltid villig til å blø. Lik en mektig kriger, med blodige lemmer, skadet legeme, såret ære og en tornekrans av bespottelse, kjemper jeg uforferdet videre. Mine arr bærer jeg som roser av mot, av inspirasjon til å holde ut i kampen mot ondskap.

Jeg kan fortsette med å tåle slag på mine hender, som er utstrakt for å hjelpe andre og motta forfølgelse i stedet for kjærlighet. Men min sjel skal alltid varme seg i solskinnet av Dine velsignelser, Å Herre. Du leder Din soldats felttog, som vinner for Deg landene av menneskelige hjerter, som nå er tynget av tristhet.
– *Paramahansa Yogananda, "Whispers from Eternity"*

20. OKTOBER — Mot

Vær ikke redd for noe, men forsøk å frykte frykten…. Husk, uansett hva dine prøvelser er, er du ikke for svak til å kjempe. Gud vil ikke at du skal plages med å bli fristet mer enn du er i stand til å bære. – *Paramahansa Yogananda, "Self-Realization Magazine"*

21. OKTOBER — Å overvinne fristelse

Den verste fristelsen av alle er rastløshet. Den er ond, fordi den holder din oppmerksomhet rettet mot verden og får deg således til å forbli uvitende om Gud. Hvis du mediterer regelmessig, vil du være hos Gud hele tiden. – *Paramahansa Yogananda, SRFs leksjoner*

22. OKTOBER — Å overvinne fristelse

Ondskap har sin makt. Hvis du tar parti med den, vil den holde på deg. Når du gjør et feiltrinn, vend øyeblikkelig tilbake til rettferdighetens veier. – *Paramahansa Yogananda, "Sayings of Paramahansa Yogananda"*

23. OKTOBER

Å overvinne fristelse

Når du tillater en fristelse å overvinne deg, er din visdom en fange. Den hurtigste måten å forvise en fristelse på er først å si "nei" og komme ut av den spesielle situasjonen. Overvei den så senere, når ro og visdom vender tilbake. – *Paramahansa Yogananda, SRFs leksjoner*

24. OKTOBER — Å overvinne fristelse

Menneskets mest ubønnhørlige fiender er ønsker. De kan ikke stagges. Ha bare ett ønske: Å lære Gud å kjenne. Å tilfredsstille sansebegjær kan ikke tilfredsstille deg, fordi du er ikke sansene. De er bare dine tjenere, ikke ditt Selv. – *Paramahansa Yogananda, "Sayings of Paramahansa Yogananda"*

25. OKTOBER — Å overvinne fristelse

Fristelse er ikke vår egen skapelse. Den tilhører *mayas* verden (illusjon), og alle mennesker blir fristet. Men for å kunne befri oss ga Gud oss fornuft, samvittighet og viljekraft. – *Paramahansa Yogananda, "Man's Eternal Quest"*

26. OKTOBER — Å overvinne fristelse

Å gjøre noe galt sett fra et moralsk eller materielt standpunkt, er ikke den eneste betydningen av fristelse. Å glemme din sjel ved å bli for opptatt med legemet og dets velvære, er også fristelse. – *Paramahansa Yogananda, SRFs leksjoner*

27. OKTOBER — Å overvinne fristelse

Fristelse er en sukkerbelagt gift. Den smaker godt, men døden er sikker. Den lykken som menneskene leter etter i denne verden, varer ikke. Guddommelig glede er evig. Lengt etter det som er varig, og vær hårdhjertet ved å forkaste de forgjengelige fornøyelsene i dette livet. Du må være slik. Ikke la denne verden regjere deg. Glem aldri at Herren er den eneste virkeligheten. Din sanne lykke ligger i din opplevelse av Ham.
– *Paramahansa Yogananda, "Man's Eternal Quest"*

28. OKTOBER — Å overvinne fristelse

Skal du bli bedre til å bekjempe dårlige vaner i morgen enn i dag? Hvorfor legge dagens feil til gårsdagens? Du vil måtte vende deg til Gud en gang, så er det ikke bedre å gjøre det nå? Bare overgi deg til Ham og si: "Herre, dårlig eller god, jeg er Ditt barn. Du må ta vare på meg." Hvis du fortsetter å forsøke, vil du forbedre deg. "En helgen er en synder som aldri ga opp."
– *Paramahansa Yogananda, "Sayings of Paramahansa Yogananda"*

29. OKTOBER — Å overvinne fristelse

Husk at som et Guds barn er du utstyrt med større styrke til å overvinne enn du noensinne vil trenge til alle de prøvelsene som Gud kan sende deg. – *Paramahansa Yogananda, "Man's Eternal Quest"*

30. OKTOBER — Å overvinne fristelse

Den gamle ortodokse måten er å fornekte fristelse, å undertrykke den. Men du må lære å *kontrollere* fristelse. Det er ikke synd å bli fristet. Selv om du "koker" av fristelse, er du ikke ond. Men hvis du gir etter for den fristelsen, blir du midlertidig fanget av ondskapens makt. Du må reise rundt deg beskyttende brystvern av visdom. Det er ingen sterkere kraft som du kan anvende mot fristelse enn visdom. Fullstendig forståelse vil bringe deg til det punktet hvor intet kan friste deg til handlinger som lover fornøyelse, men som til slutt bare vil skade deg. – *Paramahansa Yogananda, SRFs leksjoner*

31. OKTOBER — Å overvinne fristelse

Når vi ved våre gale tanker faller ned i et hull av feil, bør vi be: "Far, ikke forlat oss her, men trekk oss ut ved kraften av vår fornuft og vilje. Når vi er ute, og hvis det er Din vilje å teste oss videre, gjør Deg først kjent for oss – så vi kan erkjenne at Du er mer fristende enn fristelsen. – *Paramahansa Yogananda, "Man's Eternal Quest"*

SPESIELLE TANKER FOR NOVEMBER

Farsdag (Andre søndag i november)

Da Gud skapte dette universet, avslørte Han to aspekter: faren eller det maskuline aspektet og moren eller det feminine aspektet. Lukk øynene dine, og forestill deg et stort, ubegrenset rom. Du blir overveldet og henført – du føler ingen ting annet enn ren visdom. Den skjulte, grenseløse utstrekning, hvor det ikke er noen skapelse, ingen stjerner, ingen planeter – bare ren visdom – er Faderen. – *Paramahansa Yogananda, "Man's Eternal Quest"*

Takksigelsesdagen (*I USA den 4. torsdagen*)

Vær takknemlig *hverdag* for dine mange velsignelser, ikke bare når kalenderen viser at det er takksigelsestid. Grunnlaget for din takknemlighet bør ikke være din materielle velstand. Om dine verdslige eiendeler er mange eller få, er du fremdeles rik på gaver fra Gud. Elsk Ham, ikke for de ytre tingene Han kan gi deg, men for Hans gave til deg av Seg Selv som din Far. – *Paramahansa Yogananda, "Self-Realization Magazine"*

1. NOVEMBER   Enkelhet

I det åndelige livet blir en akkurat som et lite barn – uten bitterhet, uten tilknytning, fylt av liv og glede.
– *Paramahansa Yogananda, "Sayings of Paramahansa Yogananda"*

2. NOVEMBER Enkelhet

Jeg synger en hymne, som ikke er sunget av noen annen stemme.... Til Deg, Å Ånd, fremfører jeg ikke noen intellektuell, overveid og disiplinert arie, bare mine enfoldige hjerteslag. For Deg, ikke noen drivhusblomster, vannet av omhyggelige følelser, bare sjeldne, ville blomster, som vokser spontant på de høyeste områdene av min sjel. – *Paramahansa Yogananda, "Whispers from Eternity"*

3. NOVEMBER — Enkelhet

Hvorfor betrakter du uvesentlige ting for å være så viktige? De fleste mennesker konsentrerer seg om frokost, lunsj og middag, arbeid, sosiale aktiviteter og så videre. Gjør livet ditt enklere, og rett hele ditt sinn mot Herren. – *Paramahansa Yogananda, "How You Can Talk With God"*

4. NOVEMBER — Enkelhet

Det er ikke galt å fortelle Herren at vi ønsker noe, men det viser større tro hvis vi simpelthen sier: "Himmelske Far, jeg vet at Du forutser alle mine behov. Forsørg meg i samsvar med Din vilje." – *Paramahansa Yogananda, "Sayings of Paramahansa Yogananda"*

5. NOVEMBER — Enkelhet

Du tror at du må ha det ene og det andre. Da kan du bli lykkelig. Men uansett hvor mange av dine ønsker som blir tilfredsstilt, vil du aldri finne lykke gjennom dem. Jo mer du har, jo mer ønsker du. Lær deg å leve enkelt. Herre Krishna sa: "Hans sinn er fullt av tilfredshet når ønskene alltid strømmer innover. Det mennesket er likt et uforanderlig hav, som blir holdt breddfullt ved at det stadig kommer inn vann. Han er ikke en *muni*, som borer huller av ønsker i sitt reservoar av fred, og lar vannet unnslippe.
– *Paramahansa Yogananda, "Man's Eternal Quest"*

6. NOVEMBER — Enkelhet

Min Guru, Sri Yukteswar, var tilbakeholdende med å diskutere de oversanselige rikene. Hans eneste "vidunderlige" utstråling var den fullkomne enkelheten. I konversasjon unngikk han oppsiktsvekkende omtaler. Gjennom handling ga han klar beskjed. – *Paramahansa Yogananda, "En yogis selvbiografi"*

7. NOVEMBER — Enkelhet

Gud har vist at når Han er hos meg, blir alle "livets nødvendigheter" unødvendige. I den bevisstheten blir du sunnere enn gjennomsnittspersonen, gladere og rikere på alle måter. Søk ikke små ting. De vil lede deg bort fra Gud. Start ditt eksperiment nå: Gjør livet enkelt og bli en konge. – *Paramahansa Yogananda, "Man's Eternal Quest"*

8. NOVEMBER — Enkelhet

Alt har sin plass, men når du kaster bort tid på bekostning av din sanne lykke, er det ikke bra. Jeg kuttet ut all unødvendig virksomhet, så jeg kunne meditere og forsøke å lære Gud å kjenne, og være i Hans guddommelige bevissthet både dag og natt. – *Paramahansa Yogananda, "Self-Realization Magazine"*

9. NOVEMBER — Enkelhet

Vi legger for stor vekt på følelse, selv om vi må innrømme at den rette følelsen er meget behagelig. Hva har det å bety hvordan du føler deg? Bær din skjebne så lenge det er Guds vilje at du skal gjøre det. Handle rett, og i sin tid vil den rette følelsen av fred og glede komme. – *Sri Gyanamata, "God Alone: The Life and Letter of a Saint"*

10. NOVEMBER   Enkelhet

Det er så vidunderlig å være i samklang med Gud, å stole ubetinget på Ham, og å være tilfreds med hvor Han enn plasserer deg, og hva Han enn gjør deg til, og å akseptere alt med ydmykhet og hengivenhet.
– *Paramahansa Yogananda, "Self-Realization Magazine"*

11. NOVEMBER — Hengivenhet

Bli hengiven! Husk Jesu ord: "Far, Du har skjult disse tingene for de vise og kloke og har avdekket dem for små barn." – *Paramahansa Yogananda, "Sayings of Paramahansa Yogananda"*

12. NOVEMBER　　　　　　　　　　Hengivenhet

Gud sier: "Til den hengivne påkallelse fra Mitt barn som kjemper, ber og mediterer for å kjenne Meg i legeme, sinn og sjel som den altgjennomtrengende, alltid nye Glede – som den alltid økende lykksalighet i meditasjon – svarer Jeg stille og dypt." – *Paramahansa Yogananda, SRFs leksjoner*

13. NOVEMBER — Hengivenhet

Hjertesøkeren ønsker bare din oppriktige kjærlighet. Han er lik et lite barn: En kan tilby Ham hele sin formue, og Han ønsker ikke den. En annen roper til Ham: "Å Herre, jeg elsker Deg!" og inn i den hengivnes hjerte kommer Han løpende.

Ikke søk Gud med en baktanke, men be til Ham med hengivenhet – betingelsesløst, ensrettet og med stødig hengivenhet. Når din kjærlighet til Ham er like stor som din tilknytning til ditt dødelige legeme, vil Han komme til deg. – *Paramahansa Yogananda, "Man's Eternal Quest"*

14. NOVEMBER — Hengivenhet

Husk, i din vilje er Guds vilje. I ditt hjerte må du ikke elske noe høyere enn Gud, som er en "nidkjær" Gud. Hvis du ønsker Ham, må du ha vilje til å kaste ut av ditt hjerte ethvert ønske bortsett fra ønsket om Ham. – *Paramahansa Yogananda, SRFs leksjoner*

15. NOVEMBER — Hengivenhet

Bønn, hvor selve din sjel brenner med et ønske om Gud, er den eneste virkningsfulle bønnen. Du har uten tvil bedt slik en eller annen gang, kanskje når du ønsket noe meget sterkt eller hadde et presserende behov for penger – da brente du opp eteren med ditt ønske. Det er slik du må føle for Gud. Snakk til Ham, dag og natt. Du vil se at Han vil svare. – *Paramahansa Yogananda, "Man's Eternal Quest"*

16. NOVEMBER — Hengivenhet

Elsk Ham, snakk til Ham hvert sekund av ditt liv, i virksomhet og i stillhet, med dyp bønn, med ustoppelig ønske fra ditt hjerte, og du vil se at illusjonens slør vil forsvinne. Han som leker gjemsel i blomstenes skjønnhet, i sjelene, i edel lidenskap, i drømmer, skal komme frem og si: "Du og Jeg har vært atskilt i lang tid, fordi Jeg ønsket at du skulle gi Meg din kjærlighet frivillig. Du er skapt i Mitt bilde, og jeg ønsket å se om du ville bruke din frihet til å gi Meg din kjærlighet." – *Paramahansa Yogananda, "Man's Eternal Quest"*

17. NOVEMBER — Hengivenhet

Du bør ikke konsentrere deg om den tanken at du mangler hengivenhet, men arbeide med å utvikle den. Hvorfor være urolig fordi Gud ikke har vist seg for deg? Tenk på den lange tiden du har ignorert Ham. Mediter mer, gå dypt…. Ved å forandre dine vaner vil du vekke minnet om Hans vidunderlige Vesen i ditt hjerte, og når du kjenner Ham, er det ingen tvil om at du vil elske Ham. – *Paramahansa Yogananda, "Sayings of Paramahansa Yogananda"*

18. NOVEMBER — Hengivenhet

Den sanne hengivnes hjerte sier alltid: " Min Herre, min Herre, jeg ønsker ikke å bli fanget i illusjonsdramaet om Din skapelse. Jeg ønsker ingen del av det unntatt å hjelpe til med å etablere Ditt tempel i menneskenes sjeler. Mitt hjerte, min sjel, mitt legeme og sinn – alt tilhører Deg." Slik hengivenhet når frem til Gud. Den disippelen kjenner Gud. – *Paramahansa Yogananda, "Self-Realization Magazine"*

19. NOVEMBER — Hengivenhet

La ingen få vite hvor dypt du føler for Herren. Mesteren av Universet vet om din kjærlighet. Ikke vis det til noen andre, for da kan du miste den.
– *Paramahansa Yogananda, "Man's Eternal Quest"*

20. NOVEMBER — Hengivenhet

Herren blir funnet ved uopphørlig hengivenhet. Når du bare ønsker Giveren og ikke Hans gaver, da vil Han komme til deg. – *Paramahansa Yogananda, "Self-Realization Magazine"*

21. NOVEMBER — Takknemlighet

Hver dag bør være en takksigelsens dag for livets gaver: solskinn, vann og de deilige fruktene og grønnsakene, som er indirekte gaver fra den Store Giver. Gud får oss til å arbeide, slik at vi kan fortjene å motta Hans gaver. Den Altoppfyllende trenger ikke vår takk, hvor hjertelig den enn er. Men når vi er takknemlige overfor Ham, er vår oppmerksomhet konsentrert – til vårt eget beste – om den Store Kilden til all forsyning. – *Paramahansa Yogananda, "Self-Realization Magazine"*

22. NOVEMBER — Takknemlighet

Våre kjære lover å elske oss for alltid. Likevel, når de synker inn i den store søvnen, og deres jordiske minner blir forsaket, hvilken verdi har deres løfter? Hvem elsker oss evigvarende uten å fortelle oss det i ord? Hvem husker oss når alle andre glemmer oss? Hvem vil fremdeles være hos oss når vi må forlate vennene i denne verden? Gud alene. – *Paramahansa Yogananda, "Whispers from Eternity"*

23. NOVEMBER — Takknemlighet

Når sommeren varmer den gode skjebnen av mitt livstre, springer det lett ut duftende blomster av takknemlighet. Måtte mine nakne grener under vintermåneder av ulykke, Å Herre, uforanderlig føre en hemmelig duft av takknemlighet mot Deg. – *Paramahansa Yogananda, "Whispers from Eternity"*

24. NOVEMBER — Takknemlighet

Takksigelse og lovprisning åpner i din bevissthet veien for at åndelig vekst og forsyning kommer til deg. Ånden driver Seg Selv ut i synlig manifestasjon så snart det blir åpnet en kanal som Den kan strømme gjennom. Du bør være takknemlig for alt til alle tider. Erkjenn at all kraft til å tenke, snakke og handle kommer fra Gud, og at Han er hos deg nå og leder og inspirerer deg. – *Paramahansa Yogananda, "Budskap om takksigelse"*

25. NOVEMBER — Takknemlighet

I et av sine aspekter, et meget rørende aspekt, kan Herren sies å være en tigger. Han lengter etter vår oppmerksomhet. Universets Mester, hvis blikk alle stjerner, soler, måner og planeter skjelver for, løper etter mennesket og sier: "Vil du ikke gi Meg din hengivenhet? Elsker du ikke Meg, Giveren, mer enn tingene jeg har skapt for deg? Vil du ikke søke Meg?"

Men mennesket sier: "Jeg har det for travelt nå. Jeg har arbeid å gjøre. Jeg kan ikke ta tid for å søke etter Deg." Og Herren sier: "Jeg vil vente." – *Paramahansa Yogananda, "Sayings of Paramahansa Yogananda"*

26. NOVEMBER — Takknemlighet

Vi rekker frem våre hender for å motta Guds gaver av liv, sol, mat og alle de andre tingene Han gir oss. Til og med mens vi mottar dem, blir Giveren glemt. Hvis du kjærlig har gitt gaver til en eller annen, og oppdager at han aldri tenker på deg, hvor såret ville du ikke føle deg! Gud føler det på samme måte også.
– *Paramahansa Yogananda, "Man's Eternal Quest"*

27. NOVEMBER — Takknemlighet

India har gjennom en av sine store mestere, Paramahansa Yogananda, brakt til oss denne uvurderlige kunnskapen om sjelserkjennelse. Hvor takknemlige bør vi ikke være overfor et folk, der de største mennesker ned gjennom århundrer har gitt sine liv, og har gitt avkall på alt annet, for å utforske de guddommelige mulighetene i mennesket! Hva India har gitt oss i dag i Paramahansajis lære, er mer verd for oss enn hva vi kunne gi til India i bytte. I dag har mennesket fra Vesten et sterkt behov for en åndelig teknikk for å utvikle sin sjels ressurser. Den teknikken er *Kriya Yoga*, en eldgammel vitenskap som er brakt til oss for første gang av en mester fra India. – *Rajarsi Janakananda, "Rajarsi Janakananda: A Great Western Yogi"*

28. NOVEMBER — Takknemlighet

Ingen ting i verden er så guddommelig berusende som min elskede Gud. Jeg drikker uopphørlig av den Nektaren. "Å min Sjels aldrende Vin, når jeg drikker av Deg fra oseanet inni meg, oppdager jeg at Du er uuttømmelig. Du er en himmel av lykke, som viser alle stjernene i universet, og som banker alltid inni mitt hjerte. – *Paramahansa Yogananda, "Budskap om takksigelse"*

29. NOVEMBER — Takknemlighet

Nynn alltid i bakgrunnen av ditt sinn en stille, hengiven sang av kjærlighet til din elskede, Himmelske Far, og husk at alle dine ferdigheter er gaver fra Ham. – *Paramahansa Yogananda, SRFs leksjoner*

30. NOVEMBER — Takknemlighet

Å Far, da jeg var blind, fant jeg ikke en dør som ledet til Deg. Du har helbredet mine øyne. Nå oppdager jeg dører overalt: blomstenes hjerter, vennskapets stemmer, minner om vakre opplevelser. Hvert vindpust av min bønn åpner en ny inngang til det store tempelet av Ditt nærvær. – *Paramahansa Yogananda, "Whispers from Eternity"*

SPESIELL TANKE FOR DESEMBER.

Den virkelige feiringen av jul er erkjennelsen av kristusbevisstheten inni oss. Det er svært viktig for hvert menneske, uansett religion, at det opplever denne "fødselen" av den universelle Kristus inni seg.

Universet er Kristi legeme: Overalt nærværende i det, uten begrensning, er kristusbevisstheten. Når du kan lukke dine øyne og ved meditasjon utvide din oppmerksomhet inntil du føler hele universet som ditt eget legeme, vil Kristus ha blitt født inni deg. Du vil vite at ditt sinn er en liten bølge på det oseanet av kosmisk bevissthet som Kristus bor i.

Self-Realization Fellowship har startet ideen med å vie en dag av juletiden helt og holdent til meditativ tilbedelse av Kristus, og den ideen vil aldri dø. Akkurat som vi ved hovedkvarteret i Los Angeles feirer Jesu fødselsdag åndelig ved en hel dags meditasjon den 23. desember, la den 23. bli brukt av alle Kristi hengivne for den åndelige julen. Tilbring hele dagen i stadig økende dyp meditasjon. Bruk så den 24. desember som den sosiale julen, med selskapelighetene i denne hellige tiden sammen med slektninger og venner.

En av de mest oppmuntrende tegnene på en åndelig gjenfødelse i verden i dag er de kristnes økte villighet til å høytideligholde Jesu fødsel ved disse lange meditasjonsmøtene. Denne åndelige skikken med julemeditasjon vil med tiden bli adoptert av alle kristne – det forutsier jeg. – *Paramahansa Yogananda i "Self-Realization Magazine"*

1. DESEMBER — Ensomhet

Den åndelige stien er som eggen på en barberkniv. Den er slett ikke lett. Å isolere seg er prisen for storhet og gudserkjennelse. Når jeg er alene, er jeg hos Gud. Det er slik du bør bli. — *Paramahansa Yogananda, i en tale til disipler*

2. DESEMBER — Ensomhet

Ikke omgås altfor nært med andre. Vennskap tilfredsstiller oss ikke, med mindre det har sin rot i felles kjærlighet til Herren. Vårt menneskelige ønske om kjærlig forståelse fra andre er i virkeligheten sjelens ønske om enhet med Gud. Jo mer vi søker å tilfredsstille dette ønsket utad, jo mindre sannsynlig er det at vi finner den Guddommelige Ledsager. – *Paramahansa Yogananda, "Sayings of Paramahansa Yogananda"*

3. DESEMBER — Ensomhet

Før dagbok over ditt åndelige liv. Jeg pleide å gjøre et notat om hvor lenge jeg hadde meditert daglig, og hvor dypt jeg hadde gått. Søk ensomhet så meget som mulig. Tilbring ikke din fritid med andre mennesker bare av sosiale grunner. Guds kjærlighet er vanskelig å finne i selskap. — *Paramahansa Yogananda, "Man's Eternal Quest"*

4. DESEMBER — Ensomhet

"Jeg reiser til fjells for å være alene med Gud," sa en student til Paramahansa Yogananda. "Du vil ikke utvikle deg åndelig på den måten," svarte Paramahansaji. "Ditt sinn er ennå ikke beredt til å konsentrere deg dypt om Ånden. Dine tanker vil for det meste dvele ved minner om mennesker og verdslig tidsfordriv, selv om du forblir i en hule. Å utføre dine jordiske plikter med glede, sammen med daglig meditasjon, er den beste veien." – *Paramahansa Yogananda, "Sayings of Paramahansa Yogananda"*

5. DESEMBER — Ensomhet

Så lenge du ikke har funnet Gud, er det best ikke å være interessert i fornøyelser. Å søke atspredelse betyr å glemme Ham. Lær først å elske Ham og kjenne Ham. Så vil det ikke ha noen betydning hva du gjør, for Han vil aldri forlate dine tanker. – *Paramahansa Yogananda, "Sayings of Paramahansa Yogananda"*

6. DESEMBER — Ensomhet

Ikke spøk med hverandre hele tiden. Vær lykkelig og glad innvendig. Hvorfor kaste bort i nytteløs prat de erkjennelsene du har oppnådd? Ord er som geværkuler: Når du anvender deres kraft i ørkesløs samtale, går ditt lager av indre ammunisjon til spille. Din bevissthet er som en melkebøtte. Når du fyller den med fred fra meditasjon, bør du beholde den på den måten. Å spøke er ofte falsk moro, som gjennomhuller sidene i bøtten din og tillater at all melken fra din fred å renne ut. — *Paramahansa Yogananda, i en samtale med disipler*

7. DESEMBER — Ensomhet

Vær alene innvendig. Ikke lev det hensiktsløse livet som så mange personer gjør. Mediter og les gode bøker mer.... En gang i blant er det på sin plass å gå på kino og ha litt sosialt liv, men vær for det meste avsondret og lev inni deg selv.... Nyt ensomhet, men når du ønsker å være sammen med andre, gjør det med all din kjærlighet og ditt vennskap, så at disse menneskene ikke kan glemme deg, men alltid huske at de møtte en person som inspirerte dem og vendte deres sinn mot Gud. – *Paramahansa Yogananda, "Man's Eternal Quest"*

8. DESEMBER — Stillhet

Den sanne praktiseringen av religion er å sitte stille i meditasjon og snakke til Gud. Men du når ikke til det stadiet av intensitet. Du konsentrerer deg ikke nok, og det er årsaken til at du forblir i illusjon. – *Paramahansa Yogananda, "Man's Eternal Quest"*

9. DESEMBER   Stillhet

Stillheten som var vanlig for Sri Yukteswar, ble forårsaket av hans dype oppfatninger av den Uendelige. Det var ikke tid for de endeløse "åpenbaringene" som opptar dagene til lærere uten selverkjennelse. Et ordtak fra Hinduskriftene sier: "I grunne mennesker forårsaker fisker med små tanker stort oppstyr. I oseaniske sinn skaper hvalene av inspirasjon knapt en krusning. – *Paramahansa Yogananda, "En yogis selvbiografi"*

10. DESEMBER — Stillhet

Det du lærer i meditasjon, praktiser det i aktivitet og samtale. La ingen avspore deg fra din indre stillhet. Hold fast på din fred…. Ikke anvend verdifull tid og energi i ørkesløs prat. Spis i stillhet. Arbeid i stillhet. Gud elsker stillhet. – *Paramahansa Yogananda, SRFs leksjoner*

11. DESEMBER — Stillhet

Bygg ditt indre miljø. Praktiser stillhet! Jeg husker den vidunderlige disiplinen til de store. Når vi pleide å snakke og skravle, pleide de å si: "Gå tilbake til ditt indre slott." Det var meget vanskelig å fatte da, men nå forstår jeg den veien av fred som vi ble vist.
– *Paramahansa Yogananda, SRFs leksjoner*

12. DESEMBER — Stillhet

Min stillhet sprer seg overalt som en ekspanderende sfære.

Min stillhet sprer seg som en radiosang, over, under, til venstre og høyre, innvendig og utvendig.

Min stillhet sprer seg som en løpeild av lykksalighet. Det mørke krattet av sorg og de høye eiketrærne av stolthet blir alle brent opp.

Min stillhet passerer gjennom alt, lik eteren, og bærer sangene av jord, atomer og stjerner inn i hallene til Hans uendelige bolig. – *Paramahansa Yogananda, "Metafysiske meditasjoner"*

13. DESEMBER — Stillhet

Du bør sitte i stillhet før du tar en avgjørelse om en hvilken som helst viktig sak og be Faderen om Hans velsignelse. Bak din kraft er da Guds kraft, bak ditt sinn Hans sinn, bak din vilje Hans vilje.
– *Paramahansa Yogananda,"The Law of Success"*

14. DESEMBER — Stillhet

Fra stillhetens dybder skyter geysiren av Guds lykksalighet ufeilbarlig opp og strømmer over menneskets vesen. – *Paramahansa Yogananda, "Sayings of Paramahansa Yogananda"*

15. DESEMBER — Jul

For å bringe guddommelig kunnskap inn i vår menneskelige bevissthet må vi vokse fra den begrensede, vanlige oppfatningen om Kristus. For meg er julen en tanke om åndelig storhet – en erkjennelse av at våre sinn er et alter for Kristus, den Universelle Intelligensen i hele skapelsen. – *Paramahansa Yogananda, "Journey to Self-Realization"*

16. DESEMBER Jul

Jeg vil forberede meg til ankomsten av det allestedsnærværende Kristusbarnet ved å rense min bevissthets krybbe, nå rusten av egenkjærlighet, likegyldighet og sansetilknytninger, og ved å polere den med dyp, daglig, guddommelig meditasjon, selvgranskning og dømmekraft. Jeg vil omforme krybben med de blendende sjelskvaliteter av broderlig kjærlighet, ydmykhet, tro, ønske om Gudserkjennelse, viljekraft, selvkontroll, forsakelse og uselviskhet, slik at jeg verdig kan feire fødselen til det Guddommelige Barnet.
– *Paramahansa Yogananda, "Metafysiske meditasjoner"*

17. DESEMBER   Jul

Kristus er født i ømhetens krybbe. Større enn den destruktive kraften av hat, er den medfølende kraften av kjærlighet. Hva du enn sier eller gjør til andre, la det skje med kjærlighet. Skad ingen. Døm ikke andre. Hat ingen. Elsk alle. Se Kristus i alle....Tenk på alt fra en allmenngyldig synsvinkel. – *Paramahansa Yogananda, "Journey to Self-Realization"*

18. DESEMBER — Jul

Løft dine øyne, og konsentrer deg innvendig. Se den astrale stjernen av guddommelig visdom, og la de kloke tankene dine følge den teleskopiske stjernen for å se Kristus overalt.

I landet med evigvarende jul, med fest og allestedsnærværende kristusbevissthet, vil du finne Jesus, Krishna, helgener av alle religioner og de store guru-lærerne, som venter på å gi deg en guddommelig blomstermottakelse av evigvarende lykke. – *Paramahansa Yogananda, "Metafysiske meditasjoner"*

19. DESEMBER   Jul

Vil Jesus komme igjen? Metafysisk er han allerede allestedsnærværende. Han smiler til deg igjennom hver blomst. Han føler sitt kosmiske legeme i hvert fnugg av rommet. I hvert vindpust er Jesu åndedrett. Gjennom hans enhet med den guddommelige kristusbevisstheten er han inkarnert i alt som lever. Hvis du har øyne å se med, kan du se ham sitte på tronen i hele skapelsen. – *Paramahansa Yogananda, "Man's Eternal Quest"*

20. DESEMBER — Jul

Det er en stor forskjell mellom innbilning og selverkjennelse. Gjennom din innbilning kan du ha underbevisste drømmer og indre "visjoner" av Kristus hver dag. Men det betyr ikke at du virkelig er i kontakt med ham. Jesu virkelige besøk er foreningen med kristusbevisstheten. Dersom du er i samklang med den Kristus, vil hele ditt liv forandre seg. – *Paramahansa Yogananda, "Journey to Self-Realization"*

21. DESEMBER — Jul

Å Kristus, ta mitt hjerte og sinn i besittelse! Må du bli gjenfødt i meg som kjærlighet til alle mennesker. Må din bevissthet, som er i hvert atom, manifestere seg i meg som betingelsesløs trofasthet overfor min Guru og de store, og overfor deg, velsignede Jesus, og overfor den Høyeste, som er alles Far. – *Paramahansa Yogananda, "Self-Realization Magazine"*

22. DESEMBER — Jul

Overtal Kristus i dag med dine sanger og ditt hjertes hengivelse, og påvirk Ham så med din fordypende selverkjennelse. Med all din ivers intensitet og indre forståelse bland din bevissthet sammen med den indre lykken. Glem tiden. Når du føler at gleden sprer seg inni deg, erkjenn at Kristus hører din sang. Du har ikke identifisert deg med Kristus, hvis du konsentrerer deg bare om ordene. Men hvis din glede synger inni deg, lytter Kristus til deg. – *Paramahansa Yogananda, "Self-Realization Magazine"*

23. DESEMBER — Jul

Ved klarhet etter min dypeste meditasjon vil jeg motta Faderens lys, som passerer gjennom meg. Jeg vil være en Guds sønn, akkurat som Jesus var, ved å motta Gud fullstendig gjennom min sjelsbevissthet, utvidet gjennom meditasjon. Jeg vil følge hyrdene av tro, hengivenhet og meditasjon, som vil lede meg gjennom stjernen av indre visdom til den allestedsnærværende Kristus. — *Paramahansa Yogananda, "Self-Realization Magazine"*

24. DESEMBER — Julaften

Alle mine tanker dekorerer juletreet av meditasjonen med de sjeldne gavene av hengivenhet, forseglet med forgylte bønner fra hjertet om at Kristus må komme og motta mine ydmyke gaver.

Jeg vil mentalt slutte meg til tilbedelsen i alle moskeer, kirker og templer, og fornemme fødselen av den universelle kristusbevisstheten som fred på alteret til alle hengivne hjerter. – *Paramahansa Yogananda, "Metafysiske meditasjoner"*

25. DESEMBER — Juledag

Må denne julens ånd du føler ikke slutte i dag. Må den heller være med deg hver kveld når du mediterer. Da vil kristusbevisstheten komme i stillheten av ditt eget sinn, når du driver bort alle rastløse tanker. Hvis vi alle følger Jesu ånd, skal vi med sikkerhet oppleve hans nærvær inni oss hver dag. – *Paramahansa Yogananda, "Man's Eternal Quest"*

26. DESEMBER — Jul

Slik, mine kjære, vil min jul fortsette for alltid, i stadig stigende glede, som er evigvarende. Hvis denne gleden var begrenset, som verdslig glede er, ville det komme en tid når alt ville bli avsluttet. Men ingen helgen vil noensinne være i stand til å uttømme Guds alltid nye lykksalighet. – *Paramahansa Yogananda, "Man's Eternal Quest"*

27. DESEMBER — Tålmodighet

Når man dyrker jorden for å få frem en avling, trenger man tålmodighet til å ødelegge alt unyttig ugress, og til å vente, selv om jorden synes ufruktbar, inntil de skjulte, gode frøene spirer frem til planter. Det trengs enda mer tålmodighet å rense marken av bevissthet, som er overgrodd av ugress fra unyttig tilknytning til sansefornøyelser, som er meget vanskelige å rive opp med roten. Men når jorden av bevissthet er renset, og sådd med frø av gode kvaliteter, spirer det frem planter av edel virksomhet, og de gir rikelig med frukter av virkelig lykke. Ha fremfor alt tålmodighet til å søke forening med Gud gjennom dyp meditasjon og til å bli kjent med din uforgjengelige sjel, som er skjult inni ditt forgjengelige, jordiske legeme. – *Paramahansa Yogananda i et "Para-gram"*

28. DESEMBER — Tålmodighet

Sannheten er at det du ønsker, er hos deg hele tiden, nærmere enn hender og føtter. Når som helst kan du løfte deg over verden og personlig nedslåtthet. Vent tålmodig på Ham. – *Sri Gyanamata, "God Alone: The Life and Letters of a Saint"*

29. DESEMBER — Tålmodighet

Se ikke etter en åndelig blomst hver dag. Så frøet, vann det med bønn og riktig bestrebelse. Når planten spirer frem, ta vare på den, luk vekk ugresset av tvil, ubesluttsomhet og likegyldighet, som kan springe opp rundt den. En morgen vil du plutselig se din åndelige blomst av erkjennelse som du lenge har ventet på. — *Paramahansa Yogananda i et "Para-gram"*

30. DESEMBER — Tålmodighet

Du er din egen fiende, og du vet det ikke. Du lærer ikke å sitte rolig. Du lærer ikke å gi tid til Gud. Du er utålmodig og venter å oppnå himmelen straks. Du kan ikke få den ved å lese bøker eller ved å lytte til prekener eller ved å utføre veldedighet. Du kan bare få den ved å gi din tid til Ham i dyp meditasjon. – *Paramahansa Yogananda, "Man's Eternal Quest"*

31. DESEMBER — Tålmodighet

La oss glemme sorgene fra fortiden og bestemme oss for ikke å dvele ved dem i det nye året. La oss med besluttsomhet og djerv vilje fornye våre liv, våre gode vaner og vår fremgang. Hvis det siste året har vært håpløst dårlig, må det nye året bli håpefullt godt.
– *Paramahansa Yogananda, "Self-Realization Magazine"*

MÅL OG IDEALER
for
Self-Realization Fellowship

Satt opp av Paramahansa Yogananda, grunnlegger
Sri Mrinalini Mata, president

Å spre kunnskap blant nasjonene om eksakte, vitenskapelige teknikker for å oppnå en direkte, personlig opplevelse av Gud.

Å lære at meningen med livet er ved egen innsats å utvikle sin begrensede, dødelige bevissthet til gudsbevissthet, og med det mål for øye å etablere Self-Realization Fellowship templer for forening med Gud over hele verden, og oppmuntre til å etablere individuelle templer for Gud i hjemmene og i menneskenes hjerter.

Å avdekke den fullstendige harmonien og grunnleggende enheten mellom den opprinnelige kristendom, undervist av Jesus Kristus, og den opprinnelige yoga, undervist av Bhagavan Krishna, og å vise at disse sannhetsprinsippene er det felles, vitenskapelige grunnlaget for alle sanne religioner.

Å fremheve den ene guddommelige hovedveien som alle veier av sann, religiøs tro til slutt leder til: Hovedveien med daglig, vitenskapelig, hengiven meditasjon over Gud.

Å frigjøre mennesket fra dets trefoldige lidelse: fysisk sykdom, mental disharmoni og åndelig uvitenhet.

Å oppmuntre til "enkelt levevis og opphøyet tenkning", og å spre ånden av brorskap blant alle folk ved å undervise om det evige grunnlaget for deres enhet: slektskapet med Gud.

Å demonstrere sinnets overlegenhet over legemet og sjelens overlegenhet over sinnet.

Å overvinne ondt med godt, sorg med glede, grusomhet med vennlighet, uvitenhet med visdom.

Å forene vitenskap og religion ved å erkjenne enheten av deres underliggende prinsipper.

Å fremme kulturell og åndelig forståelse mellom øst og vest og å utveksle deres fineste, særpregede karaktertrekk.

Å tjene menneskeheten som ens større Selv.

BØKER PÅ NORSK
AV PARAMAHANSA YOGANANDA

En yogis selvbiografi
Vitenskapelige Helbredende Bekreftelser
Metafysiske Meditasjoner
Visdomsord av Paramahansa Yogananda
Dagbok for Sjelen
Den hellige vitenskapen
Loven om suksess

ANDRE PUBLIKASJONER PÅ ENGELSK
AV PARAMAHANSA YOGANANDA

Tilgjengelige hos bokhandlere eller direkte fra utgiver:
Self-Realization Fellowship
3880 San Rafael Avenue • Los Angeles, California 90065
Tlf. (323) 225 - 2471 • Fax (323) 225 - 5088
www.yogananda-srf.org

Autobiography of a Yogi

The Second Coming of Christ:
Gjenoppstandelsen av Kristus inni deg.
Avslørende kommentarer om Jesu opprinnelige lære.

God Talks With Arjuna:
The Bhagavad Gita
En ny oversettelse og kommentar.

Man's Eternal Quest:
Bind I av Paramahansa Yoganandas foredrag,
og uformelle samtaler.

The Divine Romance:
Bind II av Paramahansa Yoganandas foredrag,
essayer og uformelle taler.

Journey to Self-Realization:
Bind III av Paramahansa Yoganandas foredrag
og uformelle taler.

Wine of the Mystic:
The Rubaiyat of Omar Khayyam – En åndelig fortolkning
En inspirerende kommentar som bringer frem i lyset den
mystiske vitenskapen om forening med Gud, som er
skjult bak Rubaiyats gåtefulle billedspråk.

Where There Is Light:
Innsikt og inspirasjon til å møte livets utfordringer.

Whispers from Eternity:
En samling av Paramahansa Yoganandas bønner
og guddommelige opplevelser i de opphøyde tilstandene
under meditasjon.

The Science of Religion:
Her forklares hvordan det er mulig å overvinne lidelse
og oppnå en glede som aldri tar slutt.

The Yoga of the Bhagavad Gita:
En introduksjon i Indias universelle vitenskap
om Guds erkjennelse.

The Yoga of Jesus:
Forståelse av evangelienes skjulte lære
og tolkningene av dem.

In the Sanctuary of the Soul:
En veileder til effektiv bønn.

Inner Peace:
Hvordan være rolig i aktivitet og aktivt rolig.

Spiritual Diary:
*Inspirerende dagbok for sjelen hele året, i alt vesentlig
tanker av Paramahansa Yogananda.*
Inneholder over 30 åndelige temaer. Boken er oversatt til
norsk: Dagbok for sjelen

To Be Victorious in Life:
Boken viser hvordan vi kan erfare livets høyeste mål,
ved å trekke ut det ubegrensede potensialet inni
oss selv.

Why God Permits Evil and How to Rise Above It:
Yogananda fremlegger styrke og trøst i tider med motsetninger, og forklarer mysteriene om det guddommelige dramaet.

Metaphysical Meditations:
Skriftet inneholder mer enn 300 åndelig oppløftende tekster for meditasjon, bønner og bekreftelser. Boken er også oversatt til norsk: Metafysiske meditasjoner.

Scientific Healing Affirmations:
Paramahansa Yogananda presenterer her en dyp forklaring på vitenskapen om bekreftelse. Boken er oversatt til norsk: Vitenskapelige, Helbredende Bekreftelser.

Sayings of Paramahansa Yogananda:
En samling av utsagn og kloke råd som gir uttrykk for Paramahansa Yoganandas oppriktige og kjærlige svar til dem som kom til ham for å få hjelp. Boken er oversatt til norsk: Visdomsord av Paramahansa Yogananda.

How You Can Talk With God:
Boken forklarer hvor nær Herren er hver enkelt av oss, og hvordan Han kan bli overtalt til å "bryte sin taushet" og svare på en håndgripelig måte.

Songs of the Soul:
Mystisk poesi av Paramahansa Yogananda

The Law of Success:
Her forklares de dynamiske prinsippene for å oppnå ens mål i livet. Boken er oversatt til norsk: <u>Loven om Suksess</u>

Living Fearlessly:
Her forklares hvordan vi kan fjerne frykten, og hvordan overvinne våre egne mentale hindringer. Den inneholder råd som kan forandre livet.

Cosmic Chants:
Engelske tekster og musikk til 60 hengivne sanger med en innledning som forklarer hvordan åndelig sang kan føre til forening med Gud.

LYD-INNSPILLINGER MED PARAMAHANSA YOGANANDAS STEMME

Songs of My Heart

Beholding the One in All

Awake in the Cosmic Dream

The Great Light of God

Be a Smile Millionaire

**Self-Realization:
The Inner and the Outer Path**

Follow the Path of Christ, Krishna, and the Masters

To Make Heaven on Earth

One Life Versus Reincarnation

Removing All Sorrow and Suffering

In the Glory of the Spirit

ANDRE PUBLIKASJONER
FRA SELF-REALIZATION FELLOWSHIP

En komplett katalog som beskriver alle publikasjoner og audiovisuelle innspillinger fra Self-Realization Fellowship, kan fås tilsendt på forespørsel til www.yogananda-srf.org.

The Holy Science
av Swami Sri Yukteswar:
Boken er også oversatt til norsk: Den hellige vitenskapen.

Only Love:
Living the Spiritual Life in a Changing World
av Sri Daya Mata

Finding the Joy Within You:
Personal Counsel for God-Centered Living
av Sri Daya Mata

God Alone:
The Life and Letters of a Saint
av Sri Gyanamata

"Mejda":
The Family and the Early Life of Paramahansa Yogananda
av Sananda Lal Gosh

Self-Realization
(et kvartalsmagasin startet av Paramahansa Yogananda i 1925)

SELF-REALIZATION FELLOWSHIP LEKSJONER

Både de vitenskapelige meditasjonsteknikker som ble undervist av Paramahansa Yogananda inkludert *Kriya Yoga* – og hans veiledning om et balansert, åndelig liv på alle områder – blir lært i *Self-Realization Fellowships leksjoner*. Vennligst be om å få tilsendt gratis heftet *Undreamed-of Possibilities* som er tilgjengelig på Engelsk, Spansk og Tysk for videre informasjon.

Self-Realization Fellowship
3880 San Rafael Avenue
Los Angeles, CA. 90065-3219, U.S.A.
TEL. (323) 225 2471 • FAX (323) 225 5088
www.yogananda-srf.org

www.ingramcontent.com/pod-product-compliance
Lightning Source LLC
Chambersburg PA
CBHW070716160426
43192CB00009B/1204